연동형 비례대표제란
무엇인가

연동형 비례대표제란 무엇인가
―독일식 vs 한국식, 쟁점과 제안

초판 1쇄 펴낸날 | 2020년 2월 28일

지은이 | 조성복
펴낸이 | 류수노
펴낸곳 | (사)한국방송통신대학교출판문화원
　　　　03088 서울특별시 종로구 이화장길 54
　　　　대표전화 1644-1232
　　　　팩스 02-741-4570
　　　　홈페이지 http://press.knou.ac.kr
　　　　등록 1982년 6월 7일 제1-491호

출판위원장 | 백삼균
편집 | 박혜원 · 이강용
디자인 | 티디디자인

ⓒ 조성복, 2020
ISBN 978-89-20-03649-1 04080

값 7,900원

아로리총서 : 정치와 경제 − 2

연동형 비례대표제란
무엇인가

−독일식 vs 한국식, 쟁점과 제안

조 성 복

지식의날개

우리 정치를 바꾸려는 이에게,
또 우리 정치가 바뀌었으면 하는 이에게!

2019년 12월, 20대 국회는 「공직선거법」을 개정하여 선거제도를 바꾸었다. 이는 정치권에서 오랫동안 논의해 온 결과이다. 새로 바뀐 제도는 '준연동형 비례대표제'라고 불리는데, 문제는 이것을 제대로 아는 사람이 많지 않다는 것이다. 언론은 여론조사를 통해 국민의 86%가 잘 모른다고 보도하고 있다.

또한 선거를 할 수 있는 나이가 18세로 낮아졌다. 이에 따라 고등학교 3학년 학생의 일부도 2020년 4월에 치러지는 제21대 국회의원 선거에 참여하게 되었다. 이들은 기존의 선거제도도 경험하지 못했는데, 과연 새로운 선거제도에는 잘 적응할 수 있을까?

이 책을 쓰는 까닭은 다음의 몇 가지 이유에서이다. 첫째, 고3 학생을 포함한 유권자에게 바뀐 선거제도를 알기 쉽게 소개하는 것이다. 이 책을 읽으면 누구나 자신의 투표가 어떻게 국회의원 선출로 이어지는지 정확하게 이해하게 될 것이다. 그래서 잘 알지 못하는 상황에서 치러지는 흔히 말하는 '깜깜이 선거'를 피하게 될 것이다.

두 번째 이유는 '(준)연동형 비례대표제'를 어느 정도는 알고 있지만 정작 중요한 일부 내용에 대해서는 잘못 이해하는 이들이 적지 않아 이를 바로잡으려는 것이다. 전문가는 물론이고, 심지어 직접 당사자인 국회의원조차도 이 제도를 제대로 이해하고 있는지 의문이 들 때가 있기 때문이다. 가장 많은 오해를 사고 있는 부분은 바로 '비례대표'와 관련된 것이다. 많은 사람이 기존 선거제도(병립형)의 비례대표와 새로 시행될 연동형 비례대표제에서의 비례대표를 같은 것으로 착각하고 있다. 실제 양쪽의 비례대표는 성격이 전혀 다른 것이다.

세 번째 이유는 선거법 개정과 관련하여 각 정당의 관계자들에게 좀 더 정확한 정보를 제공하려는 것이다. 연동형 제도에 대한 각 정당의 주장에는 종종 문제가 있다. 상식적으로 이해하기 어렵거나 잘못된 정보에 기반을 두어 왜곡된 주장을 하기 때문이다. 물론 이미 이 제도를 잘 알고 있으면서도 자신의 이익을 관철하려고 일부러 그렇게 할 수도 있다. 만약 그렇다면 그런 행위는 일시적으로는 도움이 될지언정, 마냥 계속되지는 않을 것이다. 진실이 아닌 것은 언제라도 본모습이 드러날 것이기 때문이다.

끝으로 이 책을 쓰는 이유는 선거제도를 바꾸는 일이 우리가 일반적으로 생각하는 것보다 정치에서 훨씬 더 중요하다는 점을 알리기 위해서이다. 어쩌면 이것이 가장 중요한 이유인지도 모르겠다. 선거제도 개혁은 단순히 의원을 선출하는 방식을 변경하는 데 그치지 않고, 우리의 정당시스템 전반을 바꾸는 계기가 되기 때문이다. 정당의 변화는 우리 정치 전반을 새로이 재창조하는 기회가 될 것이며, 그러한 정치의 변화야말로 우리 사회의 심각한 양극화와 불공정 문제를 해결하는 출발점이 될 것이다.

이 책에서는 먼저 선거제도의 종류에 대해 살펴보고, 이어서 '연동형 비례대표제'가 무엇인지 알아본다. '준연동형 비례대표제'를 제대로 알기 위해서는 연동형 제도에 대한 이해가 필수이다. 그다음에는 준연동형 제도와 그 문제점을 자세히 따져 보겠다. 준연동형 제도가 안고 있는 여러 문제점에도 불구하고 정치권에서는 왜 연동형이 아니라 준연동형을 도입했는지 각 정당의 입장을 통해 분석한다. 끝으로 선거제도의 바람직한 개혁 방향을 모색해 본다.

부록에는 선거법 개정과정에서 쟁점이 되었던 국회선진화법과 패스트트랙, 뒤베르제 법칙, 석패율제, 초과의석, 선거제도와 정당제도의 상관관계, 독일 사례 등을 수록하였고, 중앙선거관리위원회가 작성한 '개정 공직선거법 주요 내용'을 첨부하였다. 관심 있는 독자는 참고하기 바란다.

일찍이 플라톤은 "우리가 정치를 외면한 가장 큰 대가는 가장 저질스러운 인간들에게 지배당한다는 것"이라면서 정치 참여의 중요성을 강조하였다. 많은 유권자가 이 책을 통해 준연동형 선거제도를 잘 이해하고 보다 적극적으로 선거에 참여했으면 좋겠다. 그러한 참여가 제대로 된 연동형 선거제도를 만드는 데 기여하고, 이를 통해 정치개혁과 지방분권이 강화되어 우리나라가 마침내 진정한 민주주의 국가로 거듭나길 희망한다.

차 례

부록

chapter 1

선거제도가 왜 중요할까

선거제도가 왜 중요할까

1. 선거제도는 정치 전반에 영향을 미친다

선거제도는 대통령, 광역/기초단체장, 국회의원, 광역시/도의원, 기초시/군/구의원 등 국민의 대표자를 뽑는 방식을 규정한 것이다.

우리나라의 국회의원과 지방의원은 4년마다 한 번씩 선거를 통해 선출된다. 이들은 중임에 제한이 없어서 무한정 할 수 있다. 후보가 의원에 당선하는 데에는 2가지 방식이 있다. 하나는 후보가 직접 지역구에 출마하여 다른 상대보다 많은 표를 얻어 당선하는 것(지역구)이고, 다른 하나는 정당이 만든 정당명부에 후보로 자신의 이름을 올리고 정당득표율에 따른 당선자 수에 따라 명부의 순서대로 당선되는 것(비례대표)이다.

'정당명부'란 정당이 선거를 앞두고 자기 당의 공직선거 후보자들을 모아 작성한 명단이다. '정당득표율'이란 정당

투표의 득표율을 의미하는데, 유권자가 지역구 후보가 아니라 정당에 투표한 것을 합한 비율을 말한다.

이러한 선거과정은 너무나 당연하고 뻔하여 의문을 품거나 별다른 고민을 하지 않는 것이 보통이다. 그래서 선거제도를 바꾸는 일이 큰 의미를 갖는 것은 아니라고 생각하기 쉽다. 하지만 선거제도는 흔히 우리가 생각하는 것보다 훨씬 더 다양하고 복잡할 뿐만 아니라, 유권자가 똑같이 투표했더라도 선거제도에 따라 전혀 다른 결과를 가져오기도 한다.

선거제도와 선거결과

선거제도에 따라 선거결과가 달라지는 것을 구체적 사례를 통해 살펴보자.

〈표 1〉은 2012년에 치러진 19대 총선 결과를 혼합형 선거제도의 병립형과 연동형 방식으로 집계한 것을 비교한 것이다. 똑같은 투표를 했는데도 불구하고, 어떤 선거제도를 적용하느냐에 따라 각 당의 의석수는 조금씩 달라진다. 특히 거대 정당에 비해 작은 정당(소수 정당 또는 군소 정당이라고도 표현)의 의석수가 많이 늘어난 것을 알 수 있다. (혼합형 선거제도가 무엇인지, 병립형과 연동형이 무엇인지는 바로 다음 절에서 자세하게 설명하겠다.)

〈표 1〉 서로 다른 선거제도에 따른 당선자 수 비교

정당	병립형(19대 총선)				연동형				
	지역구	비례대표	계	비율(%)	지역구	비례대표	계	비율(%)	초과의석
새누리당	127	25	152	50.7	127	29	156	47.1	18
민주통합당	106	21	127	42.3	106	22	128	38.7	10
통합진보당	7	6	13	4.3	7	26	33	10.0	–
자유선진당	3	2	5	1.7	3	8	11	3.3	–
기타(무소속)	3	–	3	1.0	3	–	3	0.9	3
합계	246	54	300	100	246	85	331	100	31

• 2012년 19대 총선(병립형) 실제 결과를 독일식 연동형에 대입하여 저자 작성.
• 이 표의 작성에 대한 상세한 설명은 저자의 다른 책《독일 정치, 우리의 대안》 3장 참조.

선거제도와 정당제도

또한 선거제도는 정당제도에도 영향을 미친다. 예를 들어 '소선거구 단순다수제(또는 1인 선출 단순다수제)'는 양당제를 촉진하고, '연동형 비례대표제'는 다당제를 촉진한다. 이를 보통 '뒤베르제의 법칙'이라고 한다. (이에 대한 자세한 내용은 이 책의 [부록] 참조)

(준)연동형 제도로 선거를 치르면 기존의 양당제는 다당제로 바뀔 가능성이 크다. 다당제가 정착하게 되면 우리 정치 전반이 변화하게 될 것이다. 정치가 바뀌면 소위 헬조선

이라 불리는 한국 사회의 모습도 달라질 것이다. (우리 사회의 비전과 관련해서는 저자의 다른 책《독일 사회, 우리의 대안》참조)

양당제의 문제점과 다당제의 필요성

그렇다면 정당제도가 양당제에서 다당제로 바뀌는 것이 왜 중요한 것일까? 그것은 양당제가 다음과 같은 문제점을 안고 있기 때문이다.

과거 국가 주도의 급속한 경제성장 과정에서 신속한 의사결정이 필요했을 때는 양당제가 나름 역할을 했다. 그러나 어느 정도 잘살게 된 이후에는 신속한 결정보다 다양한 집단의 서로 다른 이해관계를 대변하는 일이 훨씬 더 중요해졌다. 이를 위해서는 필수적으로 사회적 집단 간 갈등을 해소하고 타협하는 일이 정당의 주요 과제가 되었다. 하지만 양당제하에서는 상대방을 거부하고 부정할 때만이 자신의 존재감을 드러낼 수 있어서 근본적으로 협상이나 타협이 곤란하다. 즉, 서로 다른 의견을 조정하는 것이 구조적으로 어렵다는 말이다. 다당제가 필요한 이유이다.

매번 총선에서 거대 양당은 새로운 인물을 투입했지만, 그렇다고 그와 같은 대립과 갈등이 완화된 적이 있었던가? 오히려 1980년대 후반 3당 합당을 통한 민주자유당이 탄생하기 직전에 국회는 훨씬 더 생산적이었다. 김영삼, 김대

중, 김종필 등 소위 3김 시대의 4당 체제에서 타협을 통해 중요한 정치적 결정이 많이 이루어졌기 때문이다. 이는 양당제가 아니라 다당제가 정치적으로 좀 더 효율적인 합의 도출이 가능하다는 증거이다.

의회중심제 국가인 독일은 의회 내에서 의석의 과반 확보를 통해 정권을 잡는다. 그런데 한 정당이 단독으로 절반을 넘는 경우가 거의 없어서 일반적으로 다른 정당과의 연정을 통해 정부가 구성된다. 이 과정에서 군소 정당의 주장이나 요구사항이 반영된다. 이것이 바로 협치이며, 다당제가 필요한 이유이다. 정권을 잡은 쪽은 순조로운 입법을 통해 정책을 시행하고, 차기 선거에서 심판을 받는다. 이는 대통령제하에서도 충분히 가능하다. 반드시 연립정부를 구성하지 않더라도 공동입법을 통해 필요한 정책의 실현이 가능하기 때문이다.

실제로 독일에서 연정을 통한 집권세력은 압도적으로 입법을 독점하는 편이다. 야권은 여당의 정책을 비판하고 대안을 제시하지만, 여당 의원을 몸으로 막는 식의 극단적 대결을 벌이지는 않는다. 이는 유권자의 의사가 제대로 반영된 선거를 통해 5~6개의 정당이 안정적으로 의회에서 경쟁하기 때문이다. 즉, 국민 누구나 선거를 통해 자신의 대표를 국회에 보낼 수 있으므로, 의회에서의 과반 결정을 정당하다고 받아들이는 것이다.

정부 정책의 지속성 측면에서 볼 때 양당제에 비해 다당제가 유리하다. 영국이나 한국처럼 양당제 국가에서는 정부가 교체되면 대체로 급격한 정책의 변화가 일어난다. 그래서 정치의 양상이 매우 적대적이다. 이와 달리 독일과 같은 다당제 국가에서는 정당 간 타협을 통해 연립정부나 연립체제를 꾸리게 된다. 그래서 정치의 양상이 합의적 성격을 띠며, 동시에 정책의 지속성이 유지되는 편이다.

반면에 우리는 그동안 국회의 의석구성 자체가 정당성이 부족한 상태에서 크게 두 개의 진영으로 양분되어 왔다. 그래서 국회에서의 주요 결정을 앞두고 서로 의견이 다를 때는 몸싸움을 포함하여 극단적인 반발을 보인 경우가 허다했다.

이처럼 선거제도는 단순히 선거결과뿐만 아니라 정당제도를 포함하여 정치 전반에 큰 영향을 미치고 있다. 그런데 유권자들이 선거제도에 별로 관심을 보이지 않는 이유는 선거제도에 따라 선거결과나 정당제도가 달라지는 것을 잘 모르기 때문이다. 대다수 유권자는 선거제도의 제도적 효과에는 크게 관심이 없는 반면, 선거제도의 전략적 효과에는 관심이 많은 편이다.

그렇다면 각 정당은 어떻게 선거전략을 수립해야 하는가? 이는 정당별로 서로 다르다. 다른 정당의 성공은 자신의 실패이며, 자신의 성공은 다른 정당의 실패를 의미하기 때문이다. 각 정당의 구성원, 역량, 지지율 등의 조건을 감안하여 의석을 극대화할 수 있는 방법을 찾아야 한다. 이를 위해서는 먼저 선거제도에 대한 정확한 이해가 필수이다.

우리가 선거제도에 관심을 두는 것은 그 자체로 대단히 중요하다. 그렇다고 여기서 다양하고 복잡한 선거제도를 모두 다루려는 것은 아니다. 기존 선거제도의 문제점을 알아보고, 그 문제점을 극복하기 위한 대안으로 현재의 정치권이 제시한 (준)연동형 비례대표제를 쉽게 소개하려는 것이다. 이를 위해 먼저 선거제도의 종류를 살펴보자.

2. 선거제도에는 다수제, 비례제, 혼합제가 있다

각 국가의 선거제도는 모두 제각각이다. 똑같은 선거제도를 시행하는 경우는 극히 드물다. 나라마다 역사와 전통, 그리고 선거법을 만들 때의 사정에 따라 조금씩 차이가 있기 때문이다. 따라서 특정 선거제도가 반드시 '좋다 또는 나쁘다'라고 단정하기는 조금 어려운 측면이 있다. 다만 공통적으로 중요한 점은 선거제도가 유권자의 의사를 왜곡하지 않고 공정하게 반영하고 있느냐이다. 이런 관점에서 볼 때 우리의 선거제도는 그동안 문제가 많았다. 민심을 제대로 반영하지 못했기 때문이다.

선거제도는 의원을 선출하는 방식에 따라 크게 다수대표제(다수제)와 비례대표제(비례제)로 나눌 수 있으며, 이 다수대표제와 비례대표제를 혼합해서 사용하는 혼합형 선거제도(혼합제)가 있다.

다수대표제

다수대표제는 선거구(지역구)에서 많은 표를 얻는 후보가 당선되는 제도이다. 유권자는 지역구 후보를 선택하는 투표를 한다. 여기에는 1표라도 많으면 당선을 인정하는 '단순다수제(상대다수제)'와 해당 선거구에서 반드시 과반을 얻어야만 당선되는 '절대다수제'가 있다.

단순다수제를 실시하고 있는 국가는 미국, 영국, 캐나다 등이며, 독일과 한국의 지역구 선거도 이에 해당한다. 절대다수제는 1차 투표에서 과반 당선자가 없을 때는 상위 후보자에 대해서 일정 기간이 지난 후 2차 투표를 하는 것으로, 이 제도를 시행하는 대표적인 국가는 프랑스이다.

비례대표제

비례대표제는 각 정당이 선거에서 얻은 정당득표율에 비례하여 의석을 부여하는 제도이다. '정당득표율'이란 전체 투표자 수에서 특정 정당이 얻은 득표수의 비율을 의미한다. 비례대표제에서 유권자는 지역구 후보에게 투표하지 않고, 정당을 선택하는 투표를 한다.

전체 의석수가 300석일 때 어떤 정당의 정당득표율이 20%이면, 그 정당은 60석을 받게 된다. 각 정당은 이렇게 자신에게 주어진 총의석수만큼 자신이 작성한 '정당명부(후보명부)'에 기재된 후보자 순서대로 당선자를 배출한다.

정당이 정당명부를 어떻게 작성하느냐에 따라 '전국단위'와 '권역별'로 구분한다. 전국단위 비례대표제는 정당명부를 전국적으로 하나로 작성하고, 당선자 수만큼 순번에 따라 당선자를 결정한다. 권역별 비례대표제는 전국을 여러 개의 권역으로 나눈다. 정당은 각각의 권역별로 정당명부를 만들고, 역시 정당의 권역별 정당득표율에 비례하여 결정된 의석수만큼 권역별 정당명부의 순번대로 당선자를 배출한다.

유럽의 대다수 국가는 조금씩 차이를 보이기도 하지만 대부분 이런 비례대표제를 선거제도로 채택하고 있다.

다수대표제와 비례대표제의 차이

선거제도가 왜 중요한지 이해를 돕기 위해 구체적 예를 들어 살펴보겠다. 실제에서는 보기 힘들겠지만 아주 단순화한 사례를 가정하고, 이를 통해 다수대표제와 비례대표제에 따라 선거결과가 어떻게 달라지는지 알아보겠다.

유권자가 1,000명인 특정 지역에서 10명의 대표를 뽑는데, A, B, C, D라는 4개 정당이 각각 후보를 낸다고 해 보자. 이럴 때 다수대표제는 지역을 10개 선거구로 나누어 10명을 뽑고, 비례대표제는 전체 지역을 하나의 선거구로 보고 10명을 선출한다. 두 가지 방식에 따라 선거를 치른 결과가 다음과 같다고 가정해 보자.

먼저 다수대표제 방식으로 치른 선거를 보자. 한 선거구에서 A당 후보 40표, B당 후보 30표, C당 후보 20표, D당 후보는 10표를 얻었다. 나머지 다른 9개 선거구에서도 각 정당이 같은 결과를 얻었다고 가정해 보자. 그러면 10개 지역구의 득표를 모두 합산할 경우, A당은 400표, B당은 300표, C당은 200표, D당은 100표이다. 하지만 당선자는 선거구별로 가장 많은 표를 받은 A당 후보가 10석 모두를 차지하게 된다. 다른 당들은 1석도 얻을 수 없다. 언뜻 보면 당연해 보인다. 각각의 선거구에서 1등을 한 후보가 당선되었기 때문이다.

이번에는 비례대표제 방식을 적용해 보자. 선거결과는 앞의 경우와 똑같다고 가정한다. 여기서는 각 정당의 정당 득표율에 비례하여 의석수가 결정된다. 그래서 A당은 4석, B당은 3석, C당은 2석, D당은 1석을 얻게 된다.

다수대표제에서는 A당이 10석을 모두 차지했지만, 비례대표제에서는 4개의 정당이 모두 자신이 얻은 득표수만큼

정당	선거결과			당선자 수	
	1개 선거구의 득표수	10개 선거구의 전체 득표수	정당 득표율(%)	다수대표제 적용	비례대표제 적용
A당	40	400	40	10	4
B당	30	300	30	0	3
C당	20	200	20	0	2
D당	10	100	10	0	1
합계	100	1,000	100	10	10

의석수를 나누어 가졌다. 비례대표제는 선거결과에서 유권자의 지지율과 의석점유율의 비례성이 높은 것이 장점이다. 이 결과를 도표로 나타내면 〈표 2〉와 같다. 어떤 선거 방식이 전체 유권자 1,000명의 뜻을 더 잘 반영하고 있는 것일까? 당연히 비례대표제이다.

혼합형 선거제도

다수대표제와 비례대표제 방식을 동시에 사용하는 혼합형 선거제도도 있다. 여기서 유권자는 2표를 행사하여 지역구와 비례대표를 동시에 뽑는다. 이 혼합형 선거제도에는 '병립형'과 '연동형'의 두 가지 방식이 있다. 병립형은 보통 다수대표제에 더 가깝고, 연동형은 비례대표제에 가깝다고 할 수 있다. 그 이유는 다음 설명을 보면 쉽게 알 수 있다.

의회의 전체 의석은 지역구와 비례대표로 구성되는데, 보통 지역구 의석이 비례의석보다 더 많다. 이 방식은 거대 양당이 의석을 독식해 버리는 다수대표제의 문제점을 다소나마 보강하기 위해 전체 의석의 일부에 대해 비례대표제를 적용한 것이다.

이 병립형의 특징은 지역구 의석과 비례대표 의석을 서로 분리하여 각각 당선자를 따로 결정한 후에, 이를 더하여 각 정당의 전체 의석을 산출한다는 점이다. 그래서 병립형이라고 하는 것이다.

지역구 의석은 1표라도 많이 얻으면 당선되는 다수대표제 방식을 적용하고, 비례대표 의석은 정당득표율에 의한 비례대표제 방식을 적용한다. 유권자는 지역구 후보에 한 번, 희망하는 정당에 한 번 하는 식으로 2표를 행사한다. 이렇게 서로 독립적으로 당선자를 결정한 후에 이를 모두 더하여 총의석수를 산출한다. 일본의 선거제도가 이에 해당한다.

우리도 20대 국회에서 선거제도가 바뀌기 전까지는 바로 이 제도를 사용했다. 하지만 비례대표의 비중은 16~18%에 불과하고 지역구 의석의 비중이 80%를 넘어 압도적 다수를 차지하였다. 엄밀하게 말하자면 혼합형 선거제도이지만, 실제로는 그냥 다수대표제에 더 가까웠다. 그래서 당시의 선거제도를 흔히 '소선거구 단순다수제'라고 불렀다. 소선거구는 하나의 선거구에서 1명의 당선자만을 뽑는 것이고, 단순다수제는 1표라도 많이 얻은 후보가 당선되는 선거제도를 의미한다.

연동형

반면에 연동형 방식에서는 병립형처럼 지역구와 비례대표의 의석을 따로 결정하여 더하지 않는다. 각 정당은 먼저 정당득표율에 비례하여 먼저 총의석수를 결정하고, 그에 따라 지역구와 비례대표 의석을 서로 연계(연동)하여 결정하는 것이다. 그래서 이를 '연동형 비례대표제'라고 하는데, 다음 장에서 좀 더 자세히 다룬다.

유권자가 지역구 없이 정당에만 투표하여 의석을 결정하는 것을 순수 비례대표제라고 한다. 그런데 조금 복잡하지만, 이에 더하여 별도로 지역구 의원을 두어 혼합형 선거제도(연동형)를 채택하는 이유는 해당 의원의 지역 대표성을 강화하기 위해서이다. 독일과 뉴질랜드의 선거제도가 바로 이런 연동형이다.

우리 사회는 20대 국회에서 「공직선거법」 개정을 통해 원래 이 연동형 비례대표제를 도입하려고 시도했지만, 정당 간 합의에 실패하여 실제에서는 '준연동형 비례대표제'라는 다소 기형적인 모델이 탄생하였다. 이 준연동형 비례대표제가 무엇인지 알아보기 위해 다음 장에서는 먼저 그것의 원래 모델인 연동형 비례대표제를 살펴본다.

'연동형 비례대표제'란 무엇인가

'연동형 비례대표제'란 무엇인가

지난 10여 년간 정치인, 학자, 또 시민단체나 정당의 관계자 등 많은 이들이 문제 많은 우리 선거제도를 바꾸어 보려고 꾸준히 노력해 왔다. 그 과정에서 개혁의 모델이 된 것은 바로 독일의 선거제도였다.

국내에서 독일 선거제도를 일컫는 말은 '권역별 정당명부식 비례대표제', '의인화된 비례대표제' 또는 '혼합형 비례대표제' 등으로 매우 다양했다. 이는 원래 독일어 'Personalisierte Verhältniswahl'을 글자 그대로 직역하거나 그 의미를 생각하여 의역한 것이다. '의인화된 비례대표제'처럼 직역하면 무슨 말인지 낯설고, '권역별 정당명부식 비례대표제'처럼 의역한 용어는 선거제도 전체가 아닌 그 일부 의미만을 전달할 우려가 있었다.

저자는 2018년에 출간한 《독일 정치, 우리의 대안》이라는 책에서 독일식 선거제도를 '연동형 비례대표제'라고 이름 붙였다. 이후 이 용어는 정치권과 언론을 중심으로 자리를 잡으면서 널리 확산되었다.

1. 원래 목표는 '연동형 비례대표제'였다

연동형 비례대표제는 한마디로 소선거구 단순다수제(지역구)와 정당명부식 비례대표제(비례대표)를 서로 연동하여 합친 것이다. 이것은 위에서 설명한 혼합형 선거제도(다수대표제+비례대표제)의 연동형 방식을 의미한다.

각 정당의 총의석수는 그 정당이 얻은 정당득표율에 비례하여 결정되며, 그 의석수만큼 지역구와 비례대표 당선자가 서로 연동되는 선거제도를 말한다. 이 제도에서 가장 중요한 것은 각 정당이 얻은 정당득표율이다. 이 정당득표율에 비례하여 정당의 의석수가 결정되기 때문이다. 이를 좀 더 구체적으로 살펴보면 다음과 같다.

선거 후 각 정당의 전체 의석수는 각 정당이 얻은 정당득표율에 비례하여 결정된다. 이렇게 각 정당의 총의석수를 먼저 결정한 후에 그 총의석수에서 지역구 당선자 수를 뺀 나머지 의석수만큼 각 정당의 비례대표 당선자가 결정된다. 어떤 정당의 특정한 총의석수에서 지역구 당선자 수가 많을 경우, 상대적으로 비례대표 당선자 수는 줄어들게 된다. 반대로 지역구 당선자 수가 적으면 비례대표 당선자 수는 늘어나게 된다. 이처럼 지역구와 비례대표가 서로 연관되어 있어서 연동형이라고 부른다. 바로 이러한 제도적 장치를 통해 모든 정당은 자신의 지지율만큼 의석수를 얻게 되는 것이다.

연동형에서도 병립형과 마찬가지로 지역구 선거에서는 단순다수제 방식을 적용하지만, 연동형 방식은 비례대표제의 성격이 훨씬 더 강하다. 그 이유는 무엇보다도 각각의 정당득표율에 비례하여 각 정당의 총의석수가 결정되기 때문이다. 그 총의석수에 따라 당선자를 결정하는 과정에서 지역구 당선자 수를 고려할 뿐이다. 그래서 지역구의 당선자를 결정하는 단순다수제 방식은 전체 연동형 선거과정에서 보조적인 역할을 할 뿐이다.

예를 들어 유권자가 1,000명인 지역에서 10명의 대표를 선출하는데, 5개의 선거구로 나누어 지역구 대표 5명, 비례대표 5명을 뽑기로 한다(지역구 6명, 비례대표 4명으로 설정될 수도 있다. 또는 지역구 7명, 비례대표 3명으로 설정하는 것도 가능하다). 5개의 지역구에서 A당이 3석, B당이 2석을 얻었고, 나머지 정당은 당선자가 없다고 가정한다. 그러면 선거결과는 〈표 3〉과 같다.

정당득표율에 비례하여 의석수가 결정되기 때문에 먼저 A당은 4석, B당은 3석, C당은 2석, D당은 1석의 의석을 확보한다. 그런데 A당은 이미 지역구에서 3석을 얻었기 때문에 추가로 비례대표 1석만 당선된다. B당도 마찬가지로 지역구에서 2석을 얻었기 때문에 추가로 1석만 비례대표에서 가져가게 된다. C당은 원래 정당득표율에 비례하여 2석

〈표 3〉 연동형 비례대표제의 당선자 수 산출방식

정당	선거결과		정당득표율에 비례하여 배분된 총의석수	당선자 수		
	정당 득표수	정당 득표율(%)		지역구	비례 대표	합계
A당	400	40	4	3	1	4
B당	300	30	3	2	1	3
C당	200	20	2	0	2	2
D당	100	10	1	0	1	1
합계	1,000	100	10	5	5	10

을 확보했지만, 지역구에서는 의석이 없으므로 비례대표로 2석을 가져간다. D당은 비례대표로 1석을 얻는다. 이처럼 연동형 비례대표제의 취지는 각 정당이 유권자의 지지율에 비례하여 의석을 갖도록 하자는 것이다.

단순다수제 선거제도에 익숙한 우리는 지역구에서 이기는 것만이 최선이라고 생각한다. 하지만 그런 제도는 매우 심각한 결함을 안고 있다. 한 지역구 선거에서 52% 대 48%로 승부가 갈리는 경우를 생각해 보자. 이 경우 우리가 일쑤 잊어버리는 중요한 문제가 패배한 쪽에 투표한 48%의 유권자를 대변할 대표가 없다는 점이다. 즉, 48%에 달하는 표가 사표가 된다는 말이다. 이 문제점을 보강한 제도가 바로 연동형 비례대표제이다. 20대 국회에서 선거법 개정을 논의하면서 추구한 원래 목표는 바로 이것이었다.

2. 연동형의 '비례대표'는 우리가 알고 있는 것과 다르다

여기가 이 책에서 가장 중요한 부분이다. 대부분 사람이 잘못 이해하고 있는 점을 지적하고 있기 때문이다. 이는 정치권이나 시민단체 등도 마찬가지이다. 그들이 오해하는 부분은 과거 병립형 선거제도에서의 '비례대표'와 새로 도입된 연동형 비례대표제에서의 '비례대표'가 같다고 생각하는 것이다. 이런 오해가 생기는 까닭은 두 경우 모두 비례대표라는 '똑같은' 이름을 하고 있기 때문이다. 그래서 그것을 서로 다른 것으로 생각하기 어렵다. 하지만 병립형에서의 비례대표와 연동형에서의 비례대표는 그 의미와 역할에 전혀 다르다.

예를 들어, 21대 총선을 앞두고 어떤 정당 대표와의 간담회에서 모 협회장이 이번에는 비례대표를 한 자리 주어야 한다고 요구했다거나, 또 다른 정당에서는 비례대표는 매관매직이라 폐지해야 한다는 주장, 또 선거법 개정 논의에서 '석패율제'를 도입하자는 주장, 지역구와 비례대표에 중복출마를 허용하지 않은 것 등이 사실상 연동형 제도에서 비례대표가 어떤 의미인지를 잘 모르고 있다는 증거이다. (석패율제나 중복출마가 무엇인지에 대해서는 [부록] 참조)

연동형에서 비례대표의 의미는 지금까지 우리가 경험하

여 알고 있는 비례대표와는 전혀 다른 것이다. 그동안 한국의 비례대표는 지역구 출마자와는 완전히 별개로 다른 사람이 후보로 지명되고 의원으로 선출되었다. 하지만 연동형 비례대표제를 시행하고 있는 독일에서는 지역구 후보가 동시에 그대로 비례대표 후보가 된다.

한국에서는 비례대표가 여성, 장애인, 노동조합, 농업 등 소수자 그룹을 대변한다는 차원에서 특정 이익집단의 대표로 국회에 진출하는 것을 의미한다. 하지만 독일에서는 지역구에서 패배한 후보들에게 정당득표율에 비례하여 받게 되는 의석수만큼 당선의 기회를 주는 것이다. 즉, 독일에서는 지역구와 비례대표가 서로 연동되는 상황에서 지역구 선거에서 1표라도 더 얻은 후보만 당선되는 승자독식의 문제점을 개선하는 차원에서 비례대표를 두고 있다. 이것이 어떤 의미인지 임의로 가정한 사례를 통해 자세히 알아보자.

예를 들어, 서울권역에 60개 의석이 있다고 가정하고, 이 60석은 지역구 40석과 비례대표 20석으로 구성되어 있다고 설정해 보자.

주요 정당인 A당은 이 권역에서 50%, B당은 30%, C당은 15%, D당은 5%의 정당득표율을 얻었다고 가정해 보자. 그러면 일단 정당득표율에 비례하여 A당은 30석, B당은 18석, C당은 9석, D당은 3석을 확보하게 된다.

정당	정당 득표율(%)	정당득표율에 비례하여 배분된 총의석수	당선자 수		
			지역구	비례대표	합계
A당	50	30	30	0	30
B당	30	18	8	10	18
C당	15	9	2	7	9
D당	5	3	0	3	3
합계	100	60	40	20	60

그리고 40개의 지역구 선거에서는 A당과 B당이 치열하게 경쟁했는데, A당에 유리한 선거환경이 조성되어 대부분의 지역구에서 A당이 아슬아슬하게 승리를 쟁취하였다. 그 결과로 지역구에서 A당은 30석, B당 8석, C당은 2석, D당은 당선자가 없었다.

그러면 비례대표 의석 배분에서는 A당은 0석, B당은 10석, C당은 7석, D당은 3석을 비례대표로 가져가게 된다. B당의 비례대표 10석 당선자는 서울권역 30개 지역구에 출마했던 후보를 중심으로 작성된 정당명부의 상위 순번 10명이 기회를 얻게 되는 것이다. 지역구와 별개로 따로 준비된 후보가 아니다. C당과 D당도 마찬가지이다.

만약 연동형이 아니고 비례대표가 없었다면, 서울권역 40석 가운데 A당이 30석, B당은 8석, C당 2석으로 결정된다. 이 경우 A당은 약 50%의 지지를 받을 뿐이지만, 의석점유율은 75%에 달하게 된다. B당은 30%의 지지에도 불구하고 의석점유율은 20%에 불과하다. C당과 D당의 지지율은 20%에 달하지만, 의석점유율은 5%에 불과하다. 이런 모습이 과거 우리의 선거제도였다. 그래서 선거제도를 바꿔야 한다는 목소리가 높았던 것이다.

3. 지역구 후보가 그대로 비례대표 후보가 된다

비례대표란 앞에서 보듯이 지역구에서는 당선되지 못했지만, 정당득표율에 비례하여 주어진 의석수에 해당하는 B당과 기타 정당의 당선자를 의미한다. 이는 떨어진 후보에게 다시 기회를 준다는 의미가 아니라, 해당 지역 유권자의 지지만큼 의석을 배분하는 것이다. 유권자들이 지역구에서 특정 후보를 당선시키지는 못했지만, 그 후보와 그 후보가 속한 정당에 대한 일정 정도의 지지가 있는 것은 분명하다. 단순다수제는 1표라도 많은 후보만 당선시키기 때문에 수많은 사표를 발생시켜 유권자의 뜻을 제대로 반영하지 못한다. 바로 이 점을 보완한 것이 연동형 선거제도의 비례대표이다.

그래서 지역구 후보와 비례대표 후보를 별도로 다른 사람으로 추천하는 것이 아니라, 지역구에 출마한 후보를 동시에 그 지역구가 속한 해당 권역의 비례대표로 추천하는 것이다. 물론 이는 권역별 비례대표제를 전제로 한 것이다. (실제 지역구와 비례대표의 중복 입후보에 관한 독일 사례에 대해서는 [부록] 참조)

어떤 권역에서 정당득표율에 비례하여 배분되는 총의석 수에서 지역구 당선자를 제외한 숫자가 바로 비례대표 의석수이다. 따라서 각각의 정당에서 비례대표 명부(정당명부)를 만들 때 그 순서가 대단히 중요하다. 상위 순번은 당선 가능성이 커지기 때문이다. 이 순번은 당원 또는 당원 대표자의 비밀투표로 정하는 것이 바람직하다. 독일에서는 선거법에 그렇게 하도록 규정하고 있다. 5장 6절에서 좀 더 자세히 다룬다.

인재 영입의 함정

우리의 과거 경험에 비추어 여기서 궁금증을 자아내는 또 다른 의문은 비례대표 후보를 지역구 후보 중에서 정한다면(지역구와 비례대표의 중복 후보를 허용한다면), "여성, 장애인, 노조 등 사회적 약자는 누가 대변하는가?" 하는 점이다. 하지만 장애인 문제를 꼭 장애인이, 청년 문제를 꼭 청년이 직접 대변해야 한다고 생각할 필요는 없다. 훈련받은 정치인이 그들보다 훨씬 더 잘할 수 있기 때문이다.

이런 관점에서 볼 때 각 정당이 매번 선거를 앞두고 인재 영입이라는 명목으로 정치 경험이 없는 사람을 데려와 갑작스럽게 후보로 내세우는 것은 사실은 정치발전에 역행하는 일이다. 소위 말하는 장식용이나 일회용 또는 이벤트용으로 이용될 수 있기 때문이다.

정치지망생은 누구나 지역구 후보를 통해 정치에 입문하는 것이 바람직하다. 혹자는 그러면 신인에게는 아예 지역구에 출마할 기회 자체가 없다고 주장한다. 맞는 말이다. 공감한다. 이와 관련하여 독일의 사례는 우리에게 시사하는 바가 크다.

독일은 연방제 국가라 주(州) 단위에서도 입법, 행정, 사법권을 가지는 주정부가 구성되기 때문에 정치인의 일자리가 우리보다 훨씬 더 많다. 그뿐만 아니라 그러한 정치인의 자리 이동이 우리보다 더 수월하게 되어 있다. 그래서 정치 신인도 더 많은 기회를 잡을 수 있다. (이에 대한 자세한 내용은 저자의 다른 책《독일 연방제와 지방자치》참조)

저자가 비례대표를 늘려야 한다고 강조하는 것은 기존의 주장과는 성격이 조금 다르다. 그것은 지역구에 출마하지 않는 이익집단이나 소수자 그룹의 대표자(기존의 비례대표)를 더 많이 국회로 보내자는 의미가 아니다. 일정 정도 유권자의 지지를 받는 정당이 지역구에서 소선거구 단순다수제의 적용으로 당선자를 지지율만큼 내지 못할 때, 이들에게 비례대표를 통해 국회 진출의 기회를 주자는 것이다.

연동형 비례대표제는 사회적 약자를 대표하는 '후보'를 국회에 보내는 것이라기보다는 사회적 약자를 대변하는 '정당'을 국회에 진출하도록 돕는 제도이다. 그 정당이 국회에서 사회적 약자를 대변할 수 있게 하자는 취지이다. 이러한 연동형 비례대표제를 제대로 이해하게 된다면, 그동안 비례대표를 폐지해야 한다고 주장했던 일부 시민이나 국회의원, 정치전문가 등도 생각을 달리하게 될 것이다. 그들은 지역구 의원이 치열한 경쟁을 통해 선출되는 데 반하여, 비례대표 의원은 가만히 앉아서 그냥 당선되기 때문에 자질이나 능력 면에서 차이가 있다고 주장해 왔기 때문이다. 우리가 준연동형이 아닌 제대로 된 연동형 선거제도를 도입한다면 그와 같은 우려는 한방에 해소될 것이다.

4. '권역별 비례대표제'가 필요하다

우리에게 연동형에서의 비례대표처럼 또 하나의 낯선 개념이 바로 권역별 비례대표제이다. 우리 선거제도에서는 비례대표를 항상 전국단위(소위 말하는 전국구)로만 적용해 왔기 때문이다. 20대 국회에서는 선거법 개정을 논의하면서 이러한 권역별 제도를 도입하는 것이 검토되었으나, 막판에 중단되어 무산되었다.

권역별 비례대표제란 정당득표율에 비례하여 결정된 총의석수를 여러 개로 나누어진 권역별로 재배분한다는 의미이다. 여기서 권역을 몇 개로 나눌지는 합의하여 정하게 된다. 독일은 우리의 광역단위에 해당하는 16개 주별로 권역이 구성되어 있다. 권역별 제도가 적용되는 방식을 구체적으로 살펴보면 다음과 같다.

　먼저 선거에 참여한 각 정당의 정당득표율에 비례하여 각 정당의 '총의석수'가 결정된다. 총의석수는 다시 각 정당의 권역별 득표율에 따라 '권역별 의석수'로 나누어진다. 이렇게 산정된 권역별 의석수에서 각 정당의 해당 권역 '지역구 당선자 수'를 빼면 해당 권역에서의 '비례대표 당선자 수'가 결정된다. 연동형과 권역별 방식을 우리의 2012년 19대 총선 결과에 적용했을 때 각 정당의 의석이 어떻게 달라지는지 구체적으로 알고 싶다면, 18쪽의 〈표 1〉을 다시 참고하기 바란다.

　어떤 정당의 권역별 의석수가 특정 숫자로 결정됐을 때, 지역구 당선자가 많으면 비례대표 당선자는 줄어들고, 반대로 지역구 당선자가 적으면 비례 당선자는 늘어나게 된다.

　예를 들어 A라는 정당이 정당득표율에 비례하여 전국적으로 140개의 의석을 확보하였다. 그 가운데 30개의 의석이 있는 Y 권역에서 정당득표율에 의해 얻은 의석수가 15석으로 결정되었다고 가정해 보자. 만약 A당이 Y 권역의 지역구에서 12명이 당선됐다면, 나머지 3석은 정당명부의 순번대로 비례대표 3명이 당선되는 것이다. 또 A당이 지역구에서 5명만 당선됐다면, 비례에서 10명이 당선된다.

경우에 따라 A당은 정당득표율에 비례하여 확보한 의석수보다 더 많은 의석을 지역구에서 얻을 수도 있는데, 이때 초과한 의석은 그대로 인정된다. 이를 보통 '초과의석'이라고 부른다. ([부록]의 초과의석 참조)

권역별 비례대표제를 도입하는 것이 바람직한 이유는 비례대표의 순번을 정하는 방법이 쉽고, 지역(권역) 대표성을 갖기 때문이다. 또한 우리의 정당시스템이나 지방자치에도 매우 긍정적 영향을 미칠 수 있다. 먼저 정당 활동의 중심이 중앙에서 권역별로 옮겨 감에 따라 당대표나 지도부가 과도하게 독점해 오던 정당의 권력이 분산되고, 선의의 경쟁을 통해 참신한 정치인이 육성될 수 있다. 또 정치지망생이 중앙으로만 몰려드는 현상을 막을 수 있는 장점도 있다. 이런 효과는 지방분권을 강화해 나가는 데에도 크게 도움이 될 것이다. 따라서 권역별 제도는 다음번 선거법 개정에서 반드시 도입해야 할 중요한 과제이다.

5. 한국은 병립형, 독일은 연동형이다

여기서는 한국에서 20대까지 시행했던 혼합형 선거제도의 병립형과 독일 혼합형 선거제도의 연동형(연동형 비례대표제)을 비교하여 살펴보겠다. 그러면 우리가 새로이 알고자 하는 준연동형 비례대표제에 대한 이해도 훨씬 더 쉬워질 것이다.

독일 '연방하원'(Bundestag)은 우리의 국회에 해당한다. 지역구 299명과 비례대표 299명을 합한 총 598명(기준의석)의 의원으로 구성되며, 임기는 4년이다. 지역구와 비례대표 의원에 대한 구분이나 차별이 없으며, 비례대표로 당선된 의원도 계속해서 의원을 할 수 있다. 유권자는 선거에서 1인 2표를 행사한다. 〈그림 1〉에서 보듯이 제1투표와 제2투표로 구성된 한 장의 투표용지에 1표는 지역구 후보에, 다른 1표는 원하는 정당에 기표한다.

이것은 우리의 국회의원 투표방식과 거의 같다. 유일한 차이점은 우리는 지역구와 정당투표를 별도의 투표용지에 나누어서 하지만, 독일에서는 하나의 용지에서 한다는 점이다. 하지만 이렇게 투표한 결과를 가지고 의원을 선출하는 방식은 전혀 다르다.

한국과 독일의 선거제도를 비교하면 다음과 같은 차이가 있다.

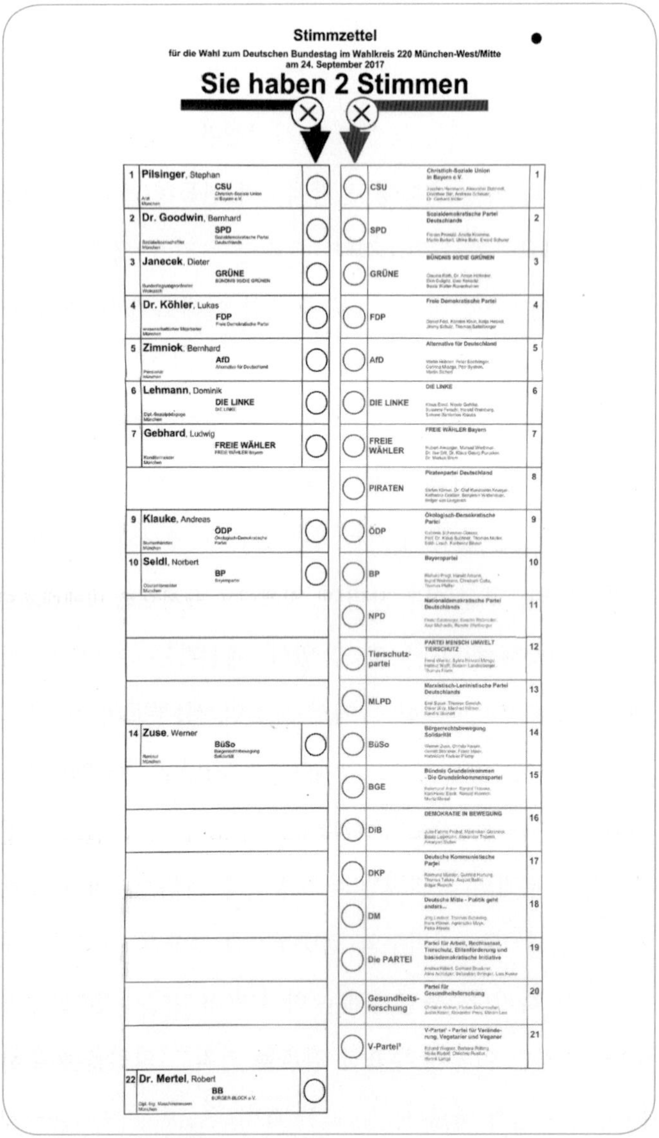

[그림 1] 독일의 투표용지

2017년 연방총선 지역구 번호 220번(뮌헨-서부/중앙)의 투표용지. 유권자는 한 장의 투표용지(Stimmzettel)에 2개의 투표권을 행사한다. 제1투표는 왼편의 지역구 후보에, 제2투표는 오른편의 정당에 투표한다. 21개의 정당이 참여하였고, 그중 10개 정당은 동시에 지역구 후보를 냈다. 왼편 가장 아래쪽의 지역구 후보는 무소속이다.

첫째, 의석 결정방식에 결정적인 차이가 있다.

우리는 지역구와 비례대표 당선자를 따로 구분하여 뽑고, 나중에 이를 더하여 총의석수를 산출한다. 그러나 독일에서는 정당득표율에 비례하여 각 정당의 총의석수를 결정하고, 지역구와 비례대표를 서로 연동하여 계산하며, 동시에 이를 권역별로 적용한다. 바로 이 점이 가장 큰 차이점이다.

둘째, 비례대표의 비중이 다르다.

우리는 국회의원 300명 가운데 20대 선거에서는 지역구 253석과 비례대표 47석으로 비례대표의 비중이 16%에 불과했다(19대에는 지역구 246석과 비례대표 54석으로 비례대표의 비율은 18%에 불과). 반면에 독일에서는 지역구와 비례대표의 의석이 각각 299석으로 비례대표의 비중이 50%이다.

셋째, 지역구와 비례대표의 중복출마 여부가 다르다.

우리는 지역구 후보와 비례대표 후보가 각각 별도로 결정되는 데 반해, 독일에서는 지역구 후보가 동시에 비례대표 후보가 된다. 즉, 한 정당의 특정 권역의 지역구 후보는 모두 그대로 그 권역의 비례대표 후보가 되는 것(권역별 정당명부)이다. 이 정당명부의 순번은 유권자의 지지를 구하는 데 중요한 역할을 하게 된다. 또한 우리와 달리 이 비례대표의 연임을 제한하지 않는다. 비례대표를 통해 당선된 의원도 지역구 의원과 똑같은 것으로 생각하기 때문이다.

넷째, 비례대표의 적용방식이 다르다.

우리가 비례대표 후보를 중앙에서 결정하여 전국단위(전국구)로 선출하는 데 반해, 독일은 이를 16개 주별(권역별)로 작성하여 선출한다. 독일처럼 지역구 후보가 동시에 비례대표 후보에 입후보하는 것이 합리적으로 작동하기 위해서는 우리도 권역별 비례대표제를 시행해야 한다.

다섯째, 봉쇄조항(또는 법정 최소조건)이 다르다.

우리는 비례대표를 배분하는 기준(봉쇄조항)이 '정당득표율 3% 이상 또는 지역구 당선 5석 이상'이지만, 독일은 '5% 이상 또는 3석 이상'이다.

〈표 5〉 한국과 독일의 선거제도 비교

구분	한국(20대 총선까지)	독일
의석수 결정방식	• 지역구와 비례대표를 구분하여 당선자를 결정 • 2개를 합산하여 총의석수를 결정(병립형)	• 정당득표율에 비례하여 총의석수를 결정 • 지역구와 비례대표를 서로 연동하여 집계(연동형)
비례대표 비중	지역구 253석 비례대표 47석(16%)	지역구 299석 비례대표 299석(50%)
중복출마 여부	지역구와 비례대표: 별도 후보	지역구와 비례대표: 중복 후보 가능
비례대표 적용방식	전국단위 정당명부	권역별 정당명부
봉쇄조항	정당득표율 3% 이상 또는 지역구 5석 이상	정당득표율 5% 이상 또는 지역구 3석 이상

chapter 3

'준연동형 비례대표제'란
무엇인가

'준연동형 비례대표제'란 무엇인가

1. 선거의 공정성을 높이기 위해 선거제도를 바꾸다

20대 국회는 2019년 12월, 선거제도를 기존의 '소선거구 단순다수제'에서 '준연동형 비례대표제'로 바꾸었다. 그 주요 이유는 다음과 같다.

첫째는 매번 선거 때마다 과도하게 많은 사표가 발생하고, 그에 따라 선거의 공정성이 훼손되고 있기 때문이다. 공정성이 훼손된다는 말은 유권자의 지지율과 의석점유율이 서로 일치하지 않고 다르다는 것이다. 달리 말하면, 특정 정당이 상대적으로 적은 표를 받았으나 많은 의석을 차지하거나, 반대로 상대적으로 많은 표를 받았음에도 불구하고 적은 의석을 얻게 된다는 의미이다.

두 번째는 유권자가 사표 심리 때문에 원하는 후보에 제대로 투표하지 못한다는 점이다. 이런 상황에서 거대 정당은 이득을 보게 되고, 반대로 군소 정당은 손해를 본다. 유권자는 자신이 투표한 표가 쓸모없게 되는 것을 피하려고 거대 정당에 투표하기 때문이다. 이러한 심리는 유권자의 선택을 왜곡시키게 된다. 그래서 이런 문제점을 고칠 새로운 선거제도가 필요한 것이다.

기존의 선거제도

소선거구 단순다수제 선거제도에서는 선거구(지역구) 후보들 가운데 1표라도 많이 얻은 사람이 당선된다. 그래서 유권자의 표심은 상위 1~2위 후보에게 몰리게 되어 있다. 합리적인 유권자라면 자신이 개인적으로 좋아하는 후보를 찍기보다는 먼저 당선 가능성이 큰 후보를 고려하여 선택하게 된다. 그 이유는 1등이나 2등이 아닌 후보를 선택하는 경우에는 모두 사표(死票, 버려지는 표)가 되기 때문이다. 사실은 2등이 얻은 표조차도 사표가 된다.

2016년 20대 총선에서 지역구에 출마했던 253명의 당선자가 얻은 표를 모두 더하면 약 830만 표로 집계된다. 이는 전체 투표수 2,440만 표의 34%에 불과하다. 결과적으로 나머지는 모두 사표가 되었는데, 그 수는 약 1,610만 표로 전체의 66%에 달했다.

이런 왜곡된 상황에서 유권자의 선택은 불가피하게 거대 양당에 집중되고, 그 결과로 거대 양당이 대부분 의석을 독차지하게 된다. 이에 따라 정당시스템은 자연스럽게 양당제가 될 수밖에 없다. 또 그 속에서 당선된 이들은 낮은 득표율로 전체 유권자를 대표해야 하므로 대표성이 심각하게 훼손된다.

새로운 선거제도

반면에 비례대표제 선거제도에서는 유권자가 거대 양당을 찍지 않더라도, 다시 말해 소수 정당을 선택하더라도 사표가 되지 않는다. 모든 유권자의 한 표 한 표는 바로 어떤 정당의 의석수에 영향을 미치기 때문이다. 누구나 자신이 좋아하고 원하는 정당에 소신껏 투표할 수 있다. 그에 따라 거대 양당뿐만 아니라 군소 정당도 국회에 들어갈 수 있게 되어 자연스럽게 다당제가 된다. 또한 의석당 득표율이 서로 비슷하게 되어 단순다수제와 달리 모든 의원은 좀 더 공정한 대표성을 갖게 된다.

다만 이 선거제도에서도 예외적으로 유권자의 선택이 사표가 되는 경우가 있다. 유권자가 투표한 정당이 봉쇄조항에 걸려 의석을 받지 못할 때이다. 예를 들어 정당득표율 3% 미만의 정당에는 의석을 배분하지 않는다는 규정이 있을 때, 어떤 유권자가 선택한 정당이 3% 미만을 득표한 경우에는 그 표는 사표가 된다.

2. '준연동형 비례대표제'는 제도개혁의 시작이다

20대 국회에서 '준연동형 비례대표제'를 도입하는 과정은 정당 간 첨예한 갈등과 대립으로 파행을 거듭하였다. 결국 패스트트랙이란 예외적 국회 절차를 통해 이루어졌다. (패스트트랙과 관련한 자세한 내용은 [부록] 참조)

원래 협상과정에서는 본래의 연동형 비례대표제를 실현하기 위해 지역구와 비례대표의 의석수를 조정하고, 권역별 제도를 도입하는 등 다양한 주제가 논의되었다. 그러나 최종적으로 개정된 내용은 최소한에 그치고 말았다. 그마저도 여러 가지 제한 규정을 두었기 때문에 개혁의 의미는 많이 퇴색해 버렸다. 준연동형 비례대표제의 주요 내용은 다음과 같다.

가장 중요한 변화는 기존의 단순다수제 방식을 변경하여 비례대표제 방식을 도입한 것이다. 이 점이 가장 획기적인 변화이다. 새로운 선거제도의 출발점이라 할 수 있다. 그러나 기본적으로 지역구가 과도하게 많은 점과 그러한 획기적 개선을 봉쇄하는 여러 가지 단서조항을 두어 2020년 선거에서 실제 변화는 그렇게 크지 않을 전망이다.

구체적으로 짚어 보면 정당득표율에 비례하여 의석수를 갖도록 하는 원래의 연동형 적용방식(100%)을 정당득표율의 절반(50%)만 적용하기로 제한했다는 것이다. 예를 들어 어떤 정당의 정당득표율이 10%라면 전체 300석의 10%인 30석을 받아야 한다. 그런데 개정안에서는 10%가 아닌 5%(절반)만 적용하도록 하여 15석만 받도록 했다. 그래서 '준연동형'이라는 생소한 용어가 생겨난 것이다.

$$\left[\left(\begin{array}{c} \text{국회의원} \\ \text{정수} \end{array} - \begin{array}{c} \text{무소속 등} \\ \text{당선인 수} \end{array} \right) \times \begin{array}{c} \text{해당 정당의} \\ \text{비례대표 득표비율} \end{array} - \begin{array}{c} \text{해당 정당의} \\ \text{지역구 당선인 수} \end{array} \right] \div 2$$

연동배분의석수 산출방식

게다가 정당득표율의 절반만 적용하는 '연동비례의석(소위 연동배분의석)'을 현행 비례의석 47석 가운데 30석까지만 나누어 주기로 제한하였다. 언론에서 말하는 캡(모자)을 씌웠다는 이야기가 바로 이것이다. 즉, 정당득표율의 절반에 비례하여 의석을 배분하는데, 그마저도 배분할 의석에 상한선을 두었다는 의미이다. 이는 병립형으로 배분할 최소한의 비례의석을 확보하기 위해서이다.

연동하여 배분하는 의석이 30석을 넘으면, 각 정당이 같은 비율로 연동비례의석을 축소하여 30석으로 맞춘다. 나머지 '병립비례의석' 17석에 대해서는 기존처럼 정당득표율에 비례하여 별도로 의석을 배분한 후에 합산한다.

다만 "47석의 비례대표 의석 중 30석에 관하여만 준연동형 비례대표제를 적용하고, 나머지에 대해서는 병립형 제도를 적용함"이라는 규정은 2020년 21대 총선에만 예외적으로 적용되는 한시적 법안이다. 어찌 되었든 특정 정당의 이해관계에 따라 이상한 제도가 만들어진 것은 사실이다.

이런 논의와 별도로 투표할 수 있는 나이를 기존의 19세에서 18세로 내린 것은 큰 성과이다. 사실 이 선거권 연령의 하향 조정은 너무 늦은 것이다. OECD 국가 중에 선거권이 19세인 나라는 한 군데도 없고, 모두 18세 이하이기 때문이다. 이 문제도 뒤늦게 국제기준에 맞춘 것이다.

3. 2016년과 2020년 선거제도는 이런 차이가 있다

2016년 20대와 2020년 21대의 국회의원 선거제도를 비교해 보면, 의석수를 결정하는 방식에서 달라진 사실을 알 수 있다. 지역구와 비례대표를 분리하여 당선자를 결정하고 합산하는 병립형에서 비록 제한적이기는 하지만 정당득표율에 비례하여 총의석수를 결정하는 연동형 방식으로 바뀐 것이다. 또한 2020년 선거에서는 비례대표의 의석이 연동형(30석까지)과 병립형(최소 17석)으로 이원화되었다. 하지만 이 두 가지 점을 제외하고는 달라진 것이 없다.

구분	2016년(20대 총선)	2020년(21대 총선)
	혼합형 선거제도(병립형)	준연동형 비례대표제
의석수 결정방식	지역구와 비례대표를 분리하여 결정하고 합산(병립형)	지역구와 비례대표를 일부는 연동하고, 일부는 분리하여 결정하고 합산(준연동형)
비례대표 비중	지역구 253석(84%) 비례대표 47석(16%)	동일
중복출마 여부	지역구와 비례대표: 별도 후보	동일
비례대표 적용방식	전국단위 정당명부	전국단위 정당명부(30석까지는 연동형 적용, 나머지는 병립형으로)
봉쇄조항	정당득표율 3% 이상 또는 지역구 5석 이상	동일

4. '준연동형'은 완전한 연동형에 비해 여러 가지 문제점을 안고 있다

거대 양당에 유리한 제도

준연동형 선거제도는 연동형 선거제도(소위 말하는 100% 연동형)와 비교하여 군소 정당에 불리하고 거대 정당에는 유리한 제도이다.

그 이유는 먼저 선거의 공정성이 완전하게 보장되지 않기 때문이다. 각 정당이 얻은 정당득표율에 비례하여 각각의 정당에 의석을 주면 공정한데, 준연동형은 각 정당이 받은 지지율의 절반까지만 의석을 배분하도록 설계되었다. 민심을 그대로 반영하는 제도가 아니라, 민심의 절반만 반영하는 제도가 된 것이다. 두 번째는 그나마 정당득표율의 절반(50%)에 비례하여 의석을 배분하는데도 비례의석을 47석 중 30석까지만 나누어 주기로 상한을 두었다는 점이다.

그러면 왜 이런 기형적인 선거제도가 만들어졌을까? 무엇보다도 더불어민주당의 욕심과 자유한국당(현 미래통합당)의 무관심, 그리고 작은 정당들의 무기력 때문이라고 할 수 있다. 여기서 욕심이란 자신이 받은 유권자의 지지보다 더 많은 의석을 가지려는 것이다. 거대 양당은 이미 지역구에서 정당득표율에 의해 배분될 의석보다 더 많은 의석을 확보할 수가 있다. 그래서 정당득표율의 절반만 의석수에 연동되도록 하고, 또 그마저도 30석까지만 적용하도록 한 후에 남는 17석의 비례대표에서 자신의 정당득표율에 비례하여 의석을 더 가져갈 수 있도록 제도를 만들었다.

이런 설계가 가능했던 이유는 당시 지역구 의석(84%)이 비례대표 의석(16%)과 비교해 과도하게 많았기 때문이다. 만약 지역구와 비례대표의 의석 비중이 50 대 50이었다면 그런 편법적 조항은 생겨나지 않았을 것이다. 민주당은 협상과정에서 계속해서 비례의석을 받을 수 없다는 점을 강조했는데, 그것은 말이 안 되는 불만이다. 연동형 제도에서 비례대표를 받는다는 것은 어떤 정당이 정당득표율에 비례하여 충분한 의석수를 얻지 못했을 때 이를 보충해 주는 것이기 때문이다.

민주당이 연동형 제도에서 굳이 비례의석을 가져가고자 한다면, 준연동형과 같은 편법이 아니라 권역별 비례대표제를 도입해야 한다. 그러면 최소한 영남지역의 대부분 권역에서는 많은 비례의석을 확보하게 될 것이다.

결과적으로 준연동형 제도에서 거대 양당은 지지율보다 더 많은 의석을 갖게 되고, 작은 정당들은 지지율보다 더 적은 의석을 갖게 될 것이다. 물론 단순다수제 선거제도에서보다 지지율과 의석점유율의 격차가 조금 줄어들 수 있을지는 모르지만, 선거의 공정성에는 여전히 심각한 문제점이 남게 된다.

중복출마 불가

연동형 방식으로 선거법을 개정하면서 지역구와 비례대표 후보에 중복출마를 허용하지 않은 것은 잘못이다.

연동형 비례대표제의 의미를 제대로 이해한다면, 중복출마를 허용하는 것은 너무나 당연하다. 아니 반드시 중복출마가 가능하도록 해야 한다. 그것이 연동형의 의미에 부합하기 때문이다. 이와 관련한 자세한 내용은 앞의 2장에서 논의한 비례대표에 대한 오해 부분을 참고하기 바란다.

위성정당이란 원래 일당제 국가에서 다당제 모양을 갖추기 위하여 만들어 낸 명목상의 형식적 정당을 말한다. 하지만 미래통합당의 전신인 자유한국당이 2020년 2월에 설립한 위성정당(미래한국당)이란 21대 국회의원 선거에서 시행될 준연동형 제도에서 오로지 정당득표율에 따른 비례대표 당선자를 얻기 위해 주로 자유한국당 출신들이 임시로 만든 정당이다. 미래한국당은 선거 후에 미래통합당과 통합될 가능성이 크다. 이처럼 위성정당 이야기가 나오는 것(그런 편법이 가능한 것)은 제도의 허점을 이용하려는 미래통합당의 욕심 때문이기도 하지만, 준연동형 선거제도 자체에도 문제가 있기 때문이다.

먼저 비례의석을 47석에서 75석으로(원래 중앙선거관리위원회의 제안은 100석) 늘리자는 논의가 있었는데, 막판에 47석을 그대로 유지하자는 선에서 마무리되었다. 비례의석은 지역구의 의석수(253석)보다 상대적으로 매우 부족한 편이다. 그래서 거대 양당은 정당득표율에 따른 자신의 당선자 수를 이미 지역구에서 모두 충당할 수 있다. 연동배분의석으로 더 받을 수 있는 비례의석이 없는 것이다.

또 제도적 측면에서는 준연동형(정당득표율의 50% 적용)을 채택하고, 그나마도 연동형의 적용을 전국단위로 했기 때문이다. 원래 개정 논의에서는 권역별 비례대표제를 논의했으나, 이 역시 막판에 기존의 전국단위를 그대로 두고 말았다.

권역별이 중요한 이유는 다음과 같다. 예를 들어 의석수가 60개인 서울지역(권역)에서 미래통합당이 지역구에서는 20대처럼 12석을 얻고, 정당 지지율은 약 35%를 받았다고 가정해 보자. 그러면 미래통합당의 서울지역 의석수는 21석(60석×35%)인데, 지역구에서 12석을 얻었기 때문에 비례의석은 9석을 받게 된다. 이는 물론 100% 연동형을 가정한 것이다. 기존 선거제도하에서 미래통합당은 비례대표 정당지지율에 비해 서울시 지역구 당선자가 상대적으로 적게 배출되는 경향이 있었다. 서울시의 유권자 지지보다 실제로 적은 의석수를 얻고 있다는 뜻이다. 앞선 예시에서 보듯 권역별 비례대표제 도입 시 미래통합당은 서울지역에서만도 비례대표 당선자를 9명 더 낼 수 있다. 지역구 당선자를 거의 내지 못하는 호남권에서도 몇 개 의석을 더 차지할 수 있고, 전통적 텃밭인 영남지역에서도 지역구 의석이 줄어들지 않기 때문에 결과적으로 위성정당이라는 편법을 쓸 이유가 없어진다. (이와 관련한 보다 구체적이고 자세한 시뮬레이션 내용은 저자의 다른 책《독일 정치, 우리의 대안》3장 참조)

또한 거대 양당 사이에도 권역별 비례대표제는 대단히 중요하다. 이런 현상은 독일의 거대 양당인 기민당과 사민당 사례에서도 그대로 확인할 수 있다. ([부록]의 독일 사례 참조)

지역구와 비례대표의 의석 비중을 조정하고, 권역별 비례대표제를 포함한 제대로 된 연동형 비례대표제를 도입했다면, 위성정당을 설립하려는 생각은 아예 꿈도 꿀 수 없었을 것이다. 결과적으로 더불어민주당이 주도하여 도입한 기형적 제도 때문에 위성정당의 설립과 같은 편법이 가능하게 된 셈이다. 준연동형 도입에 따라 각 정당의 의석수가 어떻게 변화할지에 대한 21대 총선에서의 가상 시나리오를 다음 장에서 살펴본다. 미래통합당이 위성정당인 미래한국당과 합세할 경우 가상 시나리오가 또다시 어떻게 달라지는가에 대해서도 알아본다.

chapter 4

각 정당의
입장은 무엇인가

각 정당의 입장은 무엇인가

1. 더불어민주당: 욕심·왜곡

더불어민주당의 문제는 유권자의 지지율만큼 의석을 받으면 되는데(예를 들어 40%이면 120석), 이를 무시하고 더 받으려고 하는 데서 시작되었다. 그래서 기형적인 준연동형 제도를 만들어 냈다. 50% 연동방식이나 비례의석 배분에 상한을 두는 모자를 씌운 것 등이 그것이다.

준연동형은 제1당에 유리하게 설계된 제도이다. 의석을 더 얻으려는 민주당의 처지를 이해할 수는 있지만, 제도 자체가 공정하지 못한 것은 문제이다. 원래 제1당은 지역구에서 월등하게 많이 당선되므로 비례의석은 당연히 줄어들기 마련이다. ([부록]의 독일 사례 참조) 유권자의 표심이 이미 지역구를 통해 충분히 반영되기 때문이다. 그런데 병립형 비례대표에서 추가로 의석을 더 얻기 위해 정당득표율을 1~2차로 적용하는 이상한 제도를 고안해 낸 것이다.

준연동형에서는 1차로 정당득표율의 50%에 비례하여

연동배분의석에 적용하고, 나머지 2차에서는 과거 선거제도에서와같이 별도로 정당득표율에 비례하여 의석수를 결정한다(병립형). 이후 이를 모두 합산하여 최종 의석수를 산출한다. 또 2차로 적용할 의석수를 확보하기 위해 1차 적용을 30석까지만 하기로 상한을 설정했다. 이런 식으로 설계를 하다 보니 선거제도가 지나치게 복잡하다. 이처럼 복잡하게 정당득표율의 50% 또는 정당득표율에 비례하여 1~2차로 나누어 적용하는 방식은 아마도 세계에서 유일할 것이다.

이렇게 되면 제1당은 유권자의 지지보다 의석수가 더 늘어나게 되고, 군소 정당은 지지율보다 의석수가 더 감소하게 되어 '민심 그대로의 선거제도'를 만들자는 원래의 취지에서 벗어나게 된다.

민주당의 정당득표율 43%와 지역구 140석 당선을 가정하고 준연동형 선거제도를 시뮬레이션해 본 결과, 2차 병립형에서 적용을 통해 약 7석을 더 얻게 되고, 최종 전체의석은 147석으로 의석점유율은 49%가 된다. 물론 이러한 예측은 이미 2개의 가정(정당득표율과 지역구 당선자 수)을 담보하고 있어서 명확하지 않을 수 있다. 그러나 이해를 돕기 위해 이를 도표로 보여 주면 〈표 7〉과 같다.

어찌 됐든 이것은 민주당이 욕심을 낸 것이다. 그런데 이와 같은 편법은 민주당이 제1당이 안 되면 반대로 민주당

〈표 7〉 준연동형 비례대표제에 따른 당선자 수 예측(21대 총선, 가정 포함)

정당	정당 득표율 (%)	지역구 당선자 수	정당득표율의 적용		정당별 최종 의석수	의석 비율 (%)
			1차: 50% 적용 (연동)	2차: 100% 적용 (병립)		
			연동비례의석 (연동배분의석) 당선자 수	병립비례의석 당선자 수		
더불어 민주당	43.0	140	0	7	147	49.0
미래 통합당	32.0	97	0	5	102	34.0
제3당	11.0	5	14	2	21	7.0
제4당	6.0	10	4	1	15	5.0
제5당	4.0	1	6	1	8	2.7
제6당	4.0	0	6	1	7	2.3
합계	100.0	253	30	17	300	100.0

- 각 정당의 실제 정당득표율은 표에서보다 조금 낮을 것이다. 그런데 저렇게 약간 높게 잡은 까닭은 봉쇄조항에 걸린 무효표를 제외하면 조금씩 높아지기 때문이다.
- 지역구 당선자 수는 사실 예측하기 어렵다. 다만 지역구 선거에서는 단순다수제에 따른 제1당과 제2당에 대한 쏠림현상을 반영한 것이다. 제1당과 제2당에 대한 지지율은 약 75%(43%+32%)이지만, 그들의 지역구 당선자 비율은 약 94%(253석 가운데 237석)에 이르기 때문이다.
- 제1당과 제2당은 정득득표율에 비해 최종 의석수 비율이 높은 반면, 나머지 정당은 최종 의석수 비율이 정당득표율에 미치지 못하고 있음을 알 수 있다.

에 치명적 손해가 된다. 또한 이러한 왜곡된 제도는 미래통합당이 위성정당을 설립할 핑곗거리를 주었다. 이는 편법적 발상이 만들어 낸 제도적 허점이다.

정당이 국회의원 몇 석을 더 얻는 것이 현실적으로 얼마나 중요한 일인지는 누구나 충분히 공감할 수 있다. 그러나 제도 자체의 공정성을 훼손하면서까지 그렇게 하는 것은 곤란하다. 유권자는 물론 다른 정당들도 민주당의 그런 욕심을 다 알게 되기 때문이다. 객관적으로 어느 당의 처지에서 보든지 공정한 제도를 만드는 것이 장기적으로 가장 바람직한 길이다.

2. 미래통합당: 부정·편법

자유한국당 등의 후신인 미래통합당은 연동형 선거제도 자체를 부정하고 있다. 과거의 단순다수제와 그로 인해 누렸던 기득권에 안주하고 있는 것이다. 또한 선거법 개정과 관련하여 통합당에서 나오는 여러 가지 주장을 보면 잘 이해가 안 되는 부분이 있다.

먼저 연동형 비례대표제를 시행하는 대표적 국가인 독일이 나치의 영향으로 이 제도를 도입했다는 이야기는 어떤 맥락인지 정확히 모르겠다. 독일은 이미 나치 정권 이전인 바이마르공화국 시대부터 비례대표제를 선거제도로 시행하였고, 2차 대전 이후 서독의 정치시스템을 만들 때는 바이마르 당시의 제도적 문제점들을 모두 개선하였기 때문이다. (이에 대한 상세한 내용은 저자의 다른 책《독일 연방제와 지

방자치》 참조)

두 번째는 유권자가 직접 선출하지 않아서 비민주적 선거라는 주장인데, 이것도 동의하기 어렵다. 구체적으로 비례대표제의 어떤 점이 비민주적인지 궁금하다. 거듭 말하지만 2016년 20대 총선에서 253개 지역구에서 당선된 후보들이 얻은 전체 득표수는 선거에 참여한 유권자 2,440만 명 중 830만 명(전체 투표자의 34%)에 불과했다. 나머지 1,610만 명(전체 투표자의 66%)의 투표는 모두 사표가 된 것이다. 이렇게 과도하게 많은 사표를 양산하고 있고 또 막상 투표소에 가면 거대 양당 가운데 하나를 선택해야만 하는 단순다수제 선거제도와, 유권자가 자유로이 희망하는 정당을 선택하고 그 정당득표율에 비례하여 의석수를 배분하자는 비례대표제 가운데 어떤 것이 더 민주적이라고 보는가? 당연히 비례대표제이다.

세 번째는 비례대표는 매관매직의 우려가 있으니 폐지해야 한다는 주장이다. 이는 앞에 살펴본 것처럼 비례대표에 대한 오해에서 비롯된 것이다.

네 번째는 독일도 자매정당이 있다고 하면서 자신이 만든 위성정당도 그러한 자매정당이라고 주장한다. 하지만 이런 식의 합리화는 말이 안 되는 소리이다. 미래통합당이 말하는 독일의 자매정당은 기사당(CSU)을 말하는데, 기사당은 기민당(CDU)과 활동지역을 확실하게 따로 하고 있다. 기사당은 기민당 조직이 있는 곳에는 들어가지 않기 때문이다. 기민당도 마찬가지이다. (보다 자세한 사항은 《독일 정치, 우리의 대안》 2장 참조)

미래통합당과 미래한국당의 활동지역이 명확하게 구분되어 있다면, 서로 협력하는 자매정당이라고 할 수 있다. 그런데 현실은 전혀 그렇지 않다. 또한 선거 후에 미래한국당은 없어질 가능성이 크다. 미래한국당의 설립은 단지 선거에서 이득을 취하기 위한 편법일 뿐이다. 다음 페이지의 〈표 8〉은 앞의 가상 시나리오와 똑같은 조건에서 위성정당인 미래한국당이 미래통합당을 대신하여 정당득표율을 가져갈 경우의 의석수 분포를 나타낸 것이다.

이와 별도로 미래통합당은 연동형 선거제도와 관련하여 다음과 같은 점에 유의해야 한다.

통합당은 이미 19대 총선 중 수도권에서 자신(당시 새누리당)의 정당 지지율에 비해 24석이나 부족한 당선자를 냈고, 20대에는 17석이나 손해를 보았다. (그 구체적인 내용은 저자의 다른 책 《독일 정치, 우리의 대안》 3장 참조) 하지만 연동형을 도입한다면, 어떤 상황에서도 지지율만큼의 의석은 확보할 수 있으니 연동형 제도에 대해 더 적극적인 검토와 함께 자세의 전환이 필요하다. 특히 통합당의 수도권 후보자들은 이 점을 잘 고려해야 한다.

그 밖에 통합당은 2018년 연말, 연동형 비례대표제 도입

<표 8> 위성정당 참여 시 준연동형 비례대표제에 따른 당선자 수 예측
(21대 총선, 가정 포함)

| 정당 | 정당 득표율 (%) | 지역구 당선자 수 | 정당득표율의 적용 | | 정당별 최종 의석수 | 의석 비율 (%) |
| | | | 1차: 50% 적용 (연동) | 2차: 100% 적용 (병립) | | |
			연동비례의석 (연동배분의석) 당선자 수	병립비례의석 당선자 수		
더불어 민주당	43.0	140	0	7	147	49.0
미래 통합당	5.0	97	0	1	98	32.8
미래 한국당	27.0	0	17	4	21	7.0
제3당	11.0	5	6	2	13	4.3
제4당	6.0	10	2	1	13	4.3
제5당	4.0	1	2	1	4	1.3
제6당	4.0	0	3	1	4	1.3
합계	100.0	253	30	17	300	100.0

- 미래한국당이 참여하여 미래통합당의 정당득표율을 나누어 갖는다고 가정한 것이다.
- 미래통합당의 경우에는 지역구 당선자가 많아서 연동비례의석이 아예 없지만, 미래한국당은 지역구 당선자가 없기 때문에 정당득표율에 따라 많은 연동비례의석이 생긴다.
- 준연동형 제도에 따라 의석을 계산하면 70석의 연동비례의석(연동배분의석)이 발생한다. 하지만 연동배분의석의 상한을 30석으로 제한했기 때문에 30석에 맞추어 의석을 조정할 경우 표와 같이 된다. 이 의석수를 앞의 <표 7>과 비교하면 제3당을 포함한 군소 정당의 의석수는 상당수 줄어들게 된다.
- 미래통합당은 준연동형하에서 <표 7>처럼 102석(34%)을 얻었다. 그런데 위성정당을 설립하면 <표 8>에서 보듯이 병립비례의석은 4석이 줄지만, 미래한국당이 21석을 얻게 되어 결과적으로 17석이 늘어나게 된다. 그러면 전체 의석은 119석(39.8%)이 된다.
- 결론적으로 미래통합당의 위성정당인 미래한국당의 총선 참여는 군소 정당(제3~6당)의 의석수를 원래 51석에서 34석으로 17석 줄어들게 만든다.

에 동의한 정당 간 합의문에 들어 있는 '권력 구조의 개편'에 대한 논의를 추진해야 한다. 결론적으로 통합당은 100% 연동형 비례대표제를 수용하면서 동시에 권력 구조의 개편을 추진하는 것이 현실적으로 가장 바람직한 전략으로 보인다.

3. 군소 정당: 차선·기회

정의당을 포함한 소수 정당은 패스트트랙을 통해 처리된 준연동형 선거제도에 대해 어쩔 수 없이 동의한 것이지 절대로 적극적으로 지지한 것이 아니다. 거대 양당의 줄다리기 속에 제도개혁 자체가 무산될 수도 있다는 우려에서 민주당이 제안한 준연동형을 차선으로 선택할 수밖에 없었다. 이는 철저하게 정치권의 힘의 논리가 작용한 결과이다.

준연동형 제도에서 작은 정당은 자신이 얻은 유권자 지지의 절반 남짓밖에는 의석을 확보할 수 없다. 이는 공정하지 못한 일이다. 그나마 다행인 것은 그러한 제한규정(30석에 대한 준연동형 적용 및 나머지 17석에 대한 병립형 적용)이 2020년 총선에만 적용되는 한시적 예외조항이라는 점이다.

이곳에서 여러 군소 정당 가운데 정의당만을 언급하고 다른 정당들에 대해서는 별다른 언급을 하지 않았다, 그 이유는 정당의 연속성 측면 때문이다. 만약 21대 총선에서 모든 소수 정당이 한 석도 얻지 못했다고 가정했을 때, 이후에도 남아서 활동을 계속할 정당은 아마도 정의당뿐일 것이다. 연동형 비례대표제 아래서 살아남을 수 있는 또는 필요한 정당은 기존처럼 인물 중심의 정당이 아니라 정당 구성원 모두가 특정 이념과 정책을 공유하는 정당이다. 그런 점에서 민중당이나 녹색당 등에도 기회가 주어지리라 본다.

그 밖에 앞으로 군소 정당도 연동형 비례대표제의 도입과 관련하여 한 가지 양보할 것이 있다. 봉쇄조항을 기존의 3%에서 5%로 높이는 것에 동의하는 일이다. 소규모 정당으로서는 당연히 봉쇄조항이 낮은 것이 유리하다. 낮을수록 의회에 진입하기가 쉽기 때문이다. 하지만 봉쇄조항을 5%로 높이는 것이 장기적으로 안정적 정당시스템을 가져올 수 있다는 점에서 군소 정당에도 바람직하다는 점을 알아야 한다. 이 문제는 5% 이상의 정당에 원내교섭단체가 가능하도록 국회법을 개정하는 것과 동시에 처리한다면 서로 협상이 가능하다고 본다. (이 책의 5장 5절 참조)

선거제도 개혁의
바람직한 방향은

chapter 5
선거제도 개혁의 바람직한 방향은

1. '준연동형'이 아니라 '연동형'이 정답이다

정당득표율의 절반만 적용하는 준연동형은 앞서 설명한 여러 문제점을 안고 있다. 따라서 제대로 된 100% 연동형 비례대표제를 속히 도입하는 것이 바람직하다. 이를 위해서는 지역구와 비례대표의 의석 비중을 같게 하고, 권역별 비례대표제를 도입해야 한다.

2. 현행 국회의원 정수는 부족하다

국회와 국회의원에 대한 국민의 감정이 좋지 않다. 의원 수를 늘려야 한다는 주장에 대해서는 반대의견이 압도적이다. 국회는 허구한 날 대립과 갈등으로 얼룩져 있고, 의원의 세비와 특권은 과도하게 많다는 것이 중요한 이유이다. 충분히 이해가 되는 여론이다. 하지만 국회의원 수를 줄인다고 이런 문제가 해결될까?

국회 파행은 거대 양당이 모든 것을 좌지우지하는 데서 생겨난 문제이다. 애초에 국회가 이들 양당을 중심으로 구성되어 대화와 타협으로 합의에 이르기보다는 서로 극단적 대결을 피할 수 없는 진영논리가 앞서기 때문이다. 이는 앞에서 살펴본 소선거구 단순다수제 선거제도와 그에 따른 양당제 탓이다. 따라서 국회에 대한 국민의 불신을 극복하려면 국회 자체가 먼저 다양한 이해관계를 대변하는 다수의 정당으로 구성되어 협상과 타협을 통해 합의를 이끌어 낼 수 있어야 한다.

또한, 국회의 역할을 강화하기 위해서는 의원 수를 늘리는 것이 바람직하다. 예를 들어 2020년 정부 예산은 512조 원을 넘었다. 하지만 이를 감시하는 국회 예산은 채 1조 원도 되지 않는다. 국회의원 개인의 권한은 막강할지 모르겠으나, 국회가 입법부로서 행정부를 견제하는 역할은 대단히 미흡한 상황이다. 국회의 분야별 상임위원회 숫자나 상임위별 위원의 수도 상대적으로 적은 편이다. 의원 수를 늘려야 하는 이유이다. (이에 관해 더욱 자세한 내용은 저자의 다른 책《독일 정치, 우리의 대안》3장 3절 참조)

미국과 일본을 제외하고 인구 대비 의원 숫자에서 우리보다 의원 수가 적은 나라는 없다. 우리와 규모가 엇비슷한 독일과 의석당 인구수를 비교하면, 독일은 약 13만 5,000명이고 한국은 약 16만 7,000명이다. 우리가 독일과 비슷한 수준이 되려면 최소한 70석 정도는 늘려야 한다.

현행 의원 수를 계속해서 고집한다면, 정치 혁신은 더디게 되고 오히려 국회의원의 특권을 강화하는 역효과를 내게 될 것이다. 반대로 의원 수가 증가하게 되면, 개별 의원의 특권은 감소하고 국회의 역할은 강화될 것이다. 대체로 다른 분야에서는 국제기준을 중시하는데, 의원 수에서는 그러한 기준을 외면하는 것은 안타까운 일이다.

3. 지역구는 줄이고, 비례대표는 늘려야 한다

국민 정서상 당장 의석수를 확대하는 것이 어렵다면, 먼저 지역구를 줄이고 비례대표를 늘리는 조정이 필요하다. 지역구와 비례대표의 비중이 최소한 2대 1 정도는 되어야 한다. 그래야 연동형 비례대표제를 무리 없이 제대로 시행할 수 있기 때문이다.

지역구를 200석으로 조정하면, 의석당 인구수는 약 25만 명이다. 그러면 비례대표는 100석으로 늘어나게 된다. 지역구와 비례대표의 비중을 이렇게 조정하더라도 권역별 비례대표제를 시행한다면, 서울, 경기 등 17개 광역단위별(권역별) 의석수는 현재보다 줄지 않는다. 전국단위의 비례대표 의석이 모두 광역단위로 재분배되기 때문이다. 따라서 지역구 의석을 줄이더라도 지역 대표성에는 별다른 문제가 발생하지 않는다.

지역구를 200석으로 조정하는 데 가장 큰 걸림돌은 서로 다른 행정구역을 하나의 지역구로 할 수 없게 규정한 선거법이다. 특히 대도시 지역에서 그렇다. 행정구역이 다르더라도 주변 지역을 통합하여 하나의 지역구가 가능하도록 선거법을 개정하면 문제가 없다. 독일의 경우가 그러하다. (이에 관한 자세한 내용은 이 책의 5장 7절과 저자의 다른 책《독일 정치, 우리의 대안》3장 5절 참조)

4. 권역별 비례대표제는 광역단위로 해야 한다

권역별 비례대표제가 무엇인지, 왜 필요한지는 앞의 2장을 참고하면 된다. 다만 여기서는 그 권역의 구분을 현재의 광역단위에 일치시켜야 한다는 점을 강조하고자 한다.

20대 국회에서 논의할 당시 패스트트랙에 올라왔던 개정안은 권역을 6개로 했었다. 이는 그 이전에 중앙선거관리위원회가 제안했던 안을 참고한 것으로 보인다.

전국을 6개 권역으로 나누자고 하는 안은 권역별 비례대표 개념을 충분히 숙지하지 못한 데서 오는 잘못된 설정이다. 6개 권역일 경우 각 당은 권역별로 비례대표 후보를 선출하기가 쉽지 않기 때문이다. 예를 들어 부산/울산/경남을 하나의 권역으로 묶으면 3개 지역의 규모가 다르므로 울산의 지역구 후보들은 이 권역에서의 비례대표 순번이 상대적으로 후순위로 밀릴 가능성이 크다. 인천/경기나 광주/전북/전남/제주 또는 대전/세종/충북/충청/강원의 경우에도 마찬가지이다. 상대적으로 작은 지역의 지역구 후보들은 손해를 볼 가능성이 크다. 또한 실제 선거에서 지역별로 어떤 결과가 나올지 알 수 없는 상황에서 사전에 인위적으로 광역단위별로 비례 순번을 조정할 수도 없기 때문이다.

따라서 권역의 설정은 16개 광역시/도(세종시는 충남에 포함)에 맞추어져야 한다. 그래야 연동형 선거제도를 시행하는 취지와 비례대표의 지역 대표성을 확실하게 담보할 수 있다. 권역별 비례대표제의 도입은 기존의 과도한 중앙집중 현상에서 벗어나 정치의 중심을 지방으로 분산시키는 촉매제가 될 것이다. 정치 신인이 중앙당이 아니라 16개 권역의 광역시/도당으로 몰려들게 될 것이기 때문이다.

16개 권역이 너무 많아 굳이 이를 줄이고자 한다면, 기존의 광역시/도를 먼저 통합하여 줄인 후에 조정해야 한다. 독일처럼 권역을 광역시/도의 행정구역과 일치시키는 것이 여러 가지 면에서 유용하기 때문이다. 이는 지방정치를 활성화하거나 지방분권을 강화하는 일과도 직접적으로 연결된 대단히 중요한 문제이다. 향후 개헌논의에서도 이 문제는 핵심 쟁점이 될 것이다. (이와 관련한 자세한 내용은 저자의 다른 책《독일 연방제와 지방자치》참조)

5. 봉쇄조항은 5% 또는 3석으로 바꿔야 한다

연동형 선거제도에서 정당득표율에 비례하여 의석수를 나눌 때 이를 제한하는 규정이 한 가지 있다. 이를 보통 '봉쇄조항'이라고 한다. 현재 우리의 봉쇄조항은 '정당득표율 3% 이상' 또는 '지역구 5석 이상'의 정당에만 의석을 배분하도록 규정하고 있다. 따라서 이 규정을 충족하지 못한 정당은 의석을 받을 수 없다.

이 봉쇄조항과 관련하여 우려되는 점이 있다. 그것은 3% 기준이 너무 낮다는 것이다. 3%를 적용할 경우 지나치게 많은 정당이 국회에 난립할 수도 있다. 그러면 정당 간 의견 조정이 어렵게 되어 국회 운영에 문제가 생기지 않을까 하는 우려 때문이다. 소수 의견을 존중하고 정치를 활성화한다는 측면에서 당장은 괜찮을지 모르겠으나, 장기적으로는 5%로 올리는 조정이 필요하다.

이와 관련하여 독일의 경험을 참고할 필요가 있다. 바이

마르공화국 때에는 아예 이러한 봉쇄조항이 없어서 보통 15개의 정당이 제국의회에 들어와 난립했다. 독일은 이러한 교훈에서 2차 대전 이후 새로이 선거제도를 만들면서 봉쇄조항을 넣게 되었고, 이 조항은 광역단위의 지방선거(주의회선거)에서도 똑같이 적용되고 있다. 독일에서는 '5% 이상' 또는 '지역구 3석 이상'의 정당에만 의석을 배분하고 있다.

6. 후보 공천은 당원의 비밀투표로 해야 한다

공천 문제를 개혁하는 과제는 사실 선거제도를 바꾸는 것만큼이나 중요하다. 지금까지 당대표나 소수가 공천권을 독점해 왔고 그 과정에서 여러 가지 문제가 발생하여 우리의 정당 및 정치발전을 가로막았기 때문이다. (이와 관련한 자세한 논의는 저자의 다른 책《독일 정치, 우리의 대안》3장과 5장 참조) 그러면 공직선거의 후보를 어떻게 공천하는 것이 바람직한지 독일의 사례에서 그 답을 찾아보겠다.

독일에서 공직 후보의 공천권은 정당과 유권자에게 있다. 구체적으로 지역구 공천은 정당이나 유권자에게 있다. 하지만 비례대표 공천은 반드시 정당(선거연대 포함)만이 할 수 있다.

구체적으로 정당의 지역구 후보는 선거권을 가진 지역구 당원이 참여한 '당원대회'나 당원의 대표자로 구성된 '대의원대회'에서 비밀투표를 통해 선출된다(「연방선거법」 제21조). 정당명부(비례대표 후보)는 지역구 후보선출과 같은 방식으로 권역별로 진행되며, 특히 비례대표의 순서는 반드시 비밀투표로 결정되어야 한다(제27조).

우리도 각 정당의 당헌이나 당규에는 독일처럼 당원의 뜻에 따라 상향식으로 공천한다고 되어 있다. 하지만 이를 제대로 지키는 정당은 정의당 정도이다. 대다수 정당은 당원이 부족하다는 등의 이유로 당대표나 중앙당이 '공천심사위원회(공심위)'나 '공천관리위원회(공관위)' 같은 기구를 내세워 후보 공천에 막강한 영향력을 행사하고 있는 것이 현실이다. 따라서 당원의 비밀투표로 후보를 선출해야 한다는 규정을 「공직선거법」에 넣어야 그와 같은 문제를 해결할 수 있다.

지역구 후보를 당원의 비밀투표로 선출하기 위해서는 먼저 2004년에 폐지되었던 지구당을 부활해야 한다. 국가가 지급하는 막대한 정당보조금을 중앙에만 집중하지 말고 광역단위 시/도위원회로 내려보내고, 시/도위원회는 다시 지역위원회로 나누어 주어 유명무실해진 지역의 정당 활동을 정상화해야 한다. 그래야 지역의 당원도 늘어나고 풀뿌리 민주주의가 활성화될 것이다.

각 정당은 다양한 분야의 전문가를 선거 직전에 갑자기 후보로 데려오려고 하지 말고, 그들이 평상시에 정당에 가입하여 활동할 수 있도록 여건을 만들어 주어야 한다. 즉, 중앙의 소수 권력자에게 줄을 대도록 할 것이 아니라, 지역의 정당에 들어와 경쟁하면서 당원들의 지지를 끌어내도록 해야 한다. 이것을 유도하고 활성화하기 위해서는 현행 전국단위 비례대표 선출방식을 반드시 권역별 선출방식으로 바꿔야 한다.

7. 선거구 획정은 인구수를 우선시해야 한다

우리나라의 선거구 획정 방식은 지역구 간 인구 차이가 1:2를 벗어나지 않도록 하고 있다. 이는 헌법재판소의 판결에 근거한 것이다. 2014년 10월, 헌법재판소는 기존의 국회의원 선거구가 지역구별 과도한 인구 격차 때문에 헌법에 불합치한다는 판결을 내렸다. 지역구 간 최소 및 최대 인구 비율을 현행 1:3(10만 3,469명:31만 406명)에서 1:2(13만 8,984명:27만 7,966명)으로 조정해야 한다는 것이다.

그러나 이 판결과 대안은 제대로 된 해결책이 아니라 미봉책에 불과하다. 판결의 주요 내용은 선거구 간 인구 비율을 기존의 1:3에서 1:2로 조정해야 한다는 것이다. 하지만 누군가 이 문제를 다시 헌법재판소에 제소하게 되면, 또 다시 1 : 1.5 하는 식으로 선거구를 재조정해야만 하는 상황이기 때문이다. 이 문제 역시 독일의 사례가 도움이 될 수 있다.

독일은 「연방선거법」 제3조에 따라 선거구 획정과 관련하여 다음과 같은 기본 원칙을 가지고 있다. 선거구 획정은 우리의 광역에 해당하는 주(州) 경계를 준수해야 하며, 각 주의 지역구 의석수는 반드시 그 인구수와 비례해야 한다. 비례대표 의석수도 이와 같은 원칙을 적용받는다.

각 지역구의 인구수는 '전체 선거구 평균 인구수'의 ±15%를 유지해야 하며, 25% 이상 차이가 날 때는 선거구를 다시 정해야 한다. 또 지역구는 서로 연관된 주변 지역으로 구성되어야 한다. 시·군·구(읍·면·동) 경계는 가능한 한 유지되어야 하지만, 불가피할 때는 무시될 수도 있다.

이를 위해 연방내무부 산하에 상설 '선거구위원회'를 두고 있다. 이 위원회는 연방통계청장(위원장), 연방행정법원 판사, 그리고 5명의 위원으로 구성된다. 이들은 각 지역구의 인구 변동을 보고하고, 획정 원칙에 따라 선거구를 조정하는 과제를 수행한다. 선거구위원회는 연방하원 회기 시작 후 15개월 이내에 연방내무부에 보고서를 제출하게 되어 있다. 연방내무부는 이를 즉시 연방하원에 전달하고 공개해야 한다.

일반적으로 선거구를 결정하는 데에는 표의 등가성, 지역대표성, 행정구역 등의 요소가 작용한다. 앞에서 본 것처럼 현행 우리의 지역구별 인구수는 격차가 과도하게 큰 편이다. 이에 따라 동등해야 할 한 표의 가치가 심각하게 훼손되고 있다. 이런 결과는 인구보다 행정구역을 중시하여 선거구를 획정했기 때문이다. 따라서 독일 방식에서 벤치마킹해야 할 가장 중요한 점은 각각의 선거구가 비슷한 인구수를 갖도록 주변 지역을 포함하여 지역구를 조정하는 일이다.

호랑이를 그렸는데 고양이가 된 꼴이다. 선거제도를 바꾸는 것은 생각보다 힘들고 어려운 일이다. 수많은 이해관계가 얽혀 있기 때문이다. 20대 국회에서 패스트트랙에 의한 선거법 개정을 지켜보면서 넉넉히 실감했을 터이다. '준연동형' 선거제도는 기존의 선거제도(소선거구 단순다수제)를 연동형 비례대표제로 변경하기 위해 처음 도입되었지만, 잘못 끼운 첫 단추이다. 원래의 연동형 제도와 비교하여 여러 가지 문제점을 안고 있기 때문이다. 그나마 준연동형 제도를 2020년 4월에 시행되는 21대 국회의원 선거에만 한시적으로 적용한 것은 다행이다.

이 책을 읽고 선거제도의 문제가 우리가 흔히 생각했던 것보다 훨씬 더 중요하다는 사실을 깨달았으면 한다. 우리가 어떤 선거제도를 도입하느냐에 따라 선거 결과가 달라지고, 그에 따라 정당제도가 바뀌게 되기 때문이다. 결과적으로 선거제도가 정치 전반에 영향을 준다는 점을 명료하게 이해했으면 좋겠다.

지난 수십 년간 우리는 눈부신 발전을 통해 세계에 내세

울 만한 경제성장을 이룩하였다. 세계여행을 해 보면 한국은 이미 잘사는 나라임을 실감할 수 있다. 다만 우리의 문제는 소득과 자산의 격차에 따라 빈부격차가 심해지고, 그에 따라 사회적 양극화가 심화되어 점점 더 불평등한 사회가 되고 있다는 데 있다. 정치의 역할이 사뭇 중요하고 절실한 국면이 되고 있는 이유이다.

그런데 우리 정치는 제대로 된 역할을 하지 못해 국민의 원성과 불신을 받아 왔다. 서초동과 광화문 집회에서 보듯이 항상 진영논리에 휩싸여 대화와 타협으로 어떤 대안을 제시하기보다는 극단적 대립과 대결에 매몰되어 버린 탓이다. 그 와중에 사회적 약자의 이익은 대부분 무시되었다. 정치권은 개혁을 외치며 매번 새로운 인물을 내세우지만 기대에 미치지 못하고 있다. 그동안 정치가 기대에 부응하지 못했던 것은 정치인의 자질이 부족해서라기보다 우리의 정치시스템에 문제가 있었기 때문이라고 생각한다. 좀 더 구체적으로 지적하면 우리의 승자독식 선거제도가 문제였다는 것을 깨달았으면 한다.

선거제도나 정당제도, 또 권력구조(정부형태) 등의 제도적 문제가 개선된다면 우리 정치의 모습도 바람직한 방향으로 바뀌어 갈 것이다. 특히 연동형 비례대표제 선거제도가 제대로 도입된다면, 빈곤층을 포함한 다양한 사회집단을 대변할 정치세력이 국회에 진입할 수 있다. 그렇게 되면 사회적 약자에 대한 체계적인 지원 시스템이 마련되어 우리 삶의 질도 점차 나아질 것이다.

끝으로, 선거제도가 바뀌게 되면 그동안 거대 양당이 독점했던 국회 및 지방의회의 구성원과 형태도 달라질 것이다. 따라서 그에 걸맞은 새로운 국회나 지방의회의 모습과 역할을 찾는 일이 시급하다. 저자는 이를 위해 독일의 연방의회(Bundestag)와 주의회(Landtag)가 우리 정치에 시사하는 바에 대하여, 그리고 개헌의 필요성에 대하여 이후에 출간될 저서를 통해 역설하고자 한다. 우리의 정치가 지속적으로 발전해 가는 데 미약하나마 도움이 되길 바란다.

부
록

1. 뒤베르제 법칙

'뒤베르제 법칙'이란 선거제도가 다수대표제일 때는 주로 양당제를 촉진하고, 비례대표제일 때는 다당제를 촉진한다는 것이다. 이를 뒤베르제 법칙이라고 부르는 이유는 그러한 선거제도와 정당제도 간 관계를 밝혀낸 사람이 바로 프랑스의 법학자/정치학자인 뒤베르제(Maurice Duverger)이기 때문이다. 그는 1950~1960년대에 발표한 여러 편의 논문에서 그와 같은 선거제도의 효과에 대해 지적하였다.

물론 이 법칙에 대한 비판도 만만치 않다. 이러한 법칙이 특정한 경우에만 효과가 있다는 비판이다. 예를 들어 한 사회의 갈등이 부유층과 빈곤층(자본과 노동)의 대립이 큰 줄기가 되는 것처럼, 갈등 노선이 많지 않을 때에만 뒤베르제 법칙이 작동한다는 주장이다. 최근에는 종교, 이데올로기, 문화, 인종 등의 분야에서 더 다양한 갈등 노선이 드러나고 있어서 뒤베르제의 법칙이 다소 빗나가는 현상을 보이기도 한다.

2. 석패율제

석패율제란 혼합형 선거제도의 병립형에서 지역구와 비례대표에 동시에 후보로 출마하는 것을 허용하고, 그들 중에서 지역구에서 가장 높은 득표율로 낙선한 후보를 비례대표로 당선시키는 제도를 말한다. 일본이 1996년부터 이 제도를 시행하고 있다.

하지만 연동형 비례대표제에서는 특정 권역의 지역구 후보가 그대로 특정 권역의 비례대표 후보가 되기 때문에 석패율제가 따로 필요 없다. 연동형 제도에 이미 석패율제의 의미가 가미되어 있기 때문이다. 석패율제는 병립형에서만 의미를 갖는 제도이다.

3. 중복출마 허용

다음 페이지의 〈표 9〉와 〈표 10〉은 독일에서 지역구 후보가 그대로 비례대표 후보가 되는 것을 보여 주는 실제 사례이다. 헤센주(州)에는 총 44개의 의석이 있는데, 이는 지역구 22개(지역구 번호 167번부터 188번까지)와 비례대표 22개로 구성된다. 독일의 지역구는 총 299개인데, 임의로 1번부터 299번까지 지역구 번호가 매겨져 있다.

〈표 9〉 독일 기민당의 헤센주 지역구 후보 22명 명단(2017년 연방총선)

지역구 번호	지역구 지명	후보자 이름
167	Waldeck	Thomas Viesehon
168	Kassel	Dr. Norbert Wett
169	Werra-Meißner-Hersfeld-Rotenburg	Timo Lübeck
170	Schwalm-Eder	Bernd Siebert
171	Marburg	Dr. Stefan Heck
172	Lahn-Dill	Hans-Jürgen Irmer
173	Gießen	Prof. Dr. Helge Braun
174	Fulda	Michael Brand
175	Main-Kinzig-Wetterau II-Schotten	Dr. Peter Tauber
176	Hochtaunus	Markus Koob
177	Wetterau I	Oswin Veith
178	Rheingau-Taunus-Limburg	Klaus-Peter Willsch
179	Wiesbaden	Ingmar Jung
180	Hanau	Dr. Katja Leikert
181	Main-Taunus	Norbert Altenkamp
182	Frankfurt am Main I	Prof. Dr. Matthias Zimmer
183	Frankfurt am Main II	Bettina Wiesmann
184	Groß-Gerau	Stefan Sauer
185	Offenbach	Björn Simon
186	Darmstadt	Dr. Astrid Mannes
187	Odenwald	Patricia Lips
188	Bergstraße	Dr. Michael Meister

• 독일 연방선거위원회 자료 참조 저자 작성.

〈표 10〉 독일 기민당의 헤센주 비례대표 후보 44명 명단(2017년 연방총선)

순번	후보자 이름	지역구 번호	순번	후보자 이름	지역구 번호
1	Prof. Dr. Helge Braun	173	23	Albina Nazarenus-Vetter	
2	Dr. Michael Meister	188	24	Andre Stolz	
3	Patricia Lips	187	26	Birgit Otto	
4	Dr. Peter Tauber	175	26	Benjamin Tschesnok	
5	Bernd Siebert	170	27	Karin Lölkes	
6	Dr. Katja Leikert	180	28	Ingrid Manns	
7	Dr. Stefan Heck	171	29	Elke Jesinghausen	
8	Prof. Dr. Matthias Zimmer	182	30	Christoph Fay	
9	Bettina Wiesmann	183	31	Christel Gontrum	
10	Klaus-Peter Willsch	178	32	Anna-Maria Schölch	
11	Michael Brand	174	33	Neele Schauer	없음
12	Dr. Astrid Mannes	186	34	Lutz Köhler	
13	Thomas Viesehon	167	35	Christine Zips	
14	Oswin Veith	177	36	Eva Söllner	
15	Markus Koob	176	37	Karina Moritz	
16	Ingmar Jung	179	38	Max Schad	
17	Hans-Jürgen Irmer	172	39	Annette Hogh	
18	Dr. Norbert Wett	168	40	Anna-Lena Bender	
19	Stefan Sauer	184	41	Anna-Lena Habel	
20	Timo Lübeck	169	42	Achim Carius	
21	Norbert Altenkamp	181	43	Alexandra Weirich	
22	Björn Simon	185	44	Katharina-Elisabeth Wagner	

- 독일 연방선거위원회 자료 참조 저자 작성.
- 2017년 5월 6일 헤센주 전당대회에서 결정(연방총선일은 2017년 9월 24일).

일반적으로 각 정당은 지역구에 22명, 비례대표에 44명을 후보로 추천할 수 있다. 〈표 9〉는 22명의 지역구 후보를, 〈표 10〉은 44명의 비례대표 후보를 담고 있다. 특히 〈표 10〉을 보면, 44명의 후보명단 가운데 상위 22번까지의 명단은 지역구 후보가 차지하고 있음을 알 수 있다. 23번부터 44번까지는 지역구에 나가지 않은 후보임을 알 수 있다. 이처럼 지역구에 나가서 뛰는 후보에게 먼저 당선 기회를 주는 것은 당연하면서도 합리적인 일이다.

4. 초과의석

초과의석이란 한 정당이 어떤 권역에서 정당득표율에 의해 확보한 의석수보다 그 권역에서 더 많은 지역구 의석을 얻었을 때 발생한다. 이때 그 초과한 의석은 그대로 의석으로 인정되며, 이 의석을 '초과의석'이라고 한다.

예를 들어 A당이 경남권역에서 정당득표율에 의해 15석을 얻었는데, 경남권역 지역구에서 16석이 당선되었다고 가정해 보자. 그러면 문제가 생기게 된다. A당은 경남에서 15석만 가져가야 하는데, 16석으로 이미 1석을 초과하였기 때문이다. 이 경우 경남권역에서 A당의 비례대표 당선자는 한 명도 없게 된다. 하지만 지역구의 당선자는 모두 그대로 인정하여 경남지역 A당의 의석수는 16석이 되며, 이 때 초과한 1석을 바로 '초과의석'이라고 한다. A당의 전국 적인 총의석수는 최초 결정되었던 의석수보다 1석이 늘어 나게 된다. 이에 따라 국회의 전체 의석도 원래 기준의석보 다 1석이 증가하게 된다. 그래서 연동형 비례대표제 선거 제도를 시행하면 초과의석의 발생에 따라 의회의 전체 의 석수가 고정되지 않고 조금 늘어날 수 있다.

5. 국회의 입법과정

국회에서 법률이 제정되는 과정을 간략히 살펴보면 다음 과 같다. 법안의 제출은 국회의원과 정부가 할 수 있다. 정 부 입법안은 대통령이 서명해야 하고, 의원 입법안은 국회 의원 10인 이상의 동의가 필요하다.

이렇게 제출된 법안은 법안의 내용에 따라 해당 위원회 (보통 상임위원회)로 넘겨져 심사되고 의결된다. 그다음에는 법제사법위원회(법사위)로 넘어가 체계나 자구를 중심으로 심사되고 의결된다. 이후 전체 의원이 참석한 본회의에서 심의하고 의결하면 법안이 만들어진다. 이러한 절차가 일 반적으로 법률이 제정되는 과정이다.

하지만 실질적인 법률의 제정 여부는 대부분 해당 상임

위원회의 '법안심사소위원회'에서 결정된다. 나머지 과정은 대체로 형식적인 절차인 까닭이다. 법안심사소위원회에서의 결정은 통상적으로 만장일치로 한다. 소위의 위원 가운데 한 명이라도 법안에 대해 반대를 할 때는 보통 그 심사를 보류하면서 논의를 중단한다. 이런 경우 법안에 대한 논의가 보류되고, 회기가 끝나면 대부분 자동으로 폐기된다. 따라서 소위원회 위원 간 의견이 갈리는 법안을 제정하는 일은 사실상 쉽지 않다.

6. 국회선진화법

2012년 5월, 다수당의 일방적인 국회 운영과 그것을 물리적으로 저지하려다가 발생하는 국회의 폭력 사태(이를 소위 '동물국회'라고 표현)를 방지하기 위해 여야는 합의하여 국회법을 개정하였다.

국회에서 합의하여 처리할 수 없는 법안에 대해서는 과반이 아닌 절대다수(5분의 3)의 찬성으로 처리하도록 한 것이다. 이렇게 개정된 국회법을 흔히 '국회선진화법(또는 몸싸움 방지법)'이라고 부르는데, 국회의장의 직권상정과 다수당의 날치기를 통한 법안 처리를 금지한 것이다.

이 법에 따라 여야 또는 정당 간 견해차가 큰 법안에 대해서는 단순히 국회 내 과반의 찬성으로는 의결할 수 없게 되었다. 하지만 의견이 갈린다고 해서 필요한 법안을 아예 만들 수 없게 된 것은 큰 문제이다. 이 법에 따라 무기력해진 국회를 앞의 '동물국회'와 비교하여 흔히 '식물국회'라고 표현하기도 한다.

7. 패스트트랙

합의가 어려운 쟁점법안을 처리할 수 있도록 만든 장치가 바로 패스트트랙 제도이다. 이 제도는 2015년 5월에 국회선진화법을 일부 개정한 것으로, 국회가 식물국회에서 벗어나도록 한 것이다.

'패스트트랙'(fast track, 신속처리제도)이란 「국회법」 제85조의2(안건의 신속 처리)에 따라 국회에서 서로 합의하여 처리할 수 없는 법안에 대해 절대다수(5분의 3)의 찬성을 통해 정해진 기한 내에 반드시 안건을 의결할 수 있도록 만든 절차이다.

이에 따라 20대 국회(2016~2020년)에서 패스트트랙에 지정된 안건은 사회적 참사특별법(「사회적 참사의 진상 규명 및 안전사회 건설 등을 위한 특별법」 수정안), 유치원 3법(「유아교육법」/「사립학교법」/「학교급식법」 개정안), 사법개혁특별위원회

(사개특위)의 「공수처 설치법」, 검경 수사권 조정안(「형사소송법」/「검찰청법」 개정안)과 정치개혁특별위원회(정개특위)의 선거제도 개혁안(「공직선거법」 개정안) 등이다.

이 가운데 정개특위와 사개특위의 법안은 해당 위원회에서 패스트트랙 안건으로 지정하는 의결을 둘러싸고, 이를 추진하려는 측과 반대하는 측 사이의 대립이 극에 달하여 물리적 충돌이 일어났고, 이는 다시 고소와 고발로 이어지는 엄청난 파문을 가져왔다.

패스트트랙 법안의 처리 절차는 〈표 11〉과 같이 크게 5단계로 구성되며, 「공직선거법」 개정안도 그에 따라 진행되었다. 2019년 4월 29일 자유한국당을 중심으로 한 반대 측의 격렬한 저항에도 불구하고 정개특위에서 이 개정안은 패스트트랙 법안으로 지정되었다. 이후 8월 29일에는 정개특위에서 의결되었고, 법안은 법사위로 넘겨졌다. 법사위는 심사기한인 90일을 넘겨 내버려 둠으로써 11월 27일 자동으로 본회의에 부의(附議, 안건을 토의에 부침)되었다. 국회의장은 이 법안에 대한 본회의 토론을 생략하고 12월 23일에 상정하였고, 자유한국당 등은 필리버스터를 통해 반발하였으나, 12월 27일 본회의에서 개정안은 통과되었다. 지난 수십 년간 매번 논의에만 그쳤던 「공직선거법」의 개정이 마침내 이루어졌다.

〈표 11〉 패스트트랙의 절차 및 「공직선거법」 개정안의 처리

절차	규정	실제 진행 상황
1. 패스트트랙 법안 지정	재적의원 5분의 3 이상 또는 소관 위원회 재적위원 5분의 3 이상의 찬성	2019년 4월 29일 정개특위에서 신속처리법안으로 지정
2. 해당 위원회 심사	180일 이내 심사종료 (미의결 시 자동으로 법사위 회부)	2019년 8월 29일 정개특위에서 의결
3. 법사위 심사	90일 이내 심사종료 (미의결 시 자동으로 본회의 부의)	법사위 미의결, 2019년 11월 27일 본회의 부의
4. 본회의 상정	60일 이내 (국회의장 재량에 따라 부의 기간 생략 가능)	2019년 12월 23일 본회의 상정
5. 법안 의결	재적의원 과반의 출석, 출석의원 과반의 찬성	2019년 12월 27일 본회의 의결

8. 독일 사례: 선거제도와 정당제도의 상관관계

선거제도가 정당제도에 미치는 영향은 독일의 사례만 살펴보아도 분명히 알 수 있다. 독일의 선거제도는 '연동형 비례대표제'인데, 지역구와 비례대표로 구성된 혼합형 제도이다. 각 정당의 의석수는 정당득표율에 의해 결정되지만 지역구에서는 단순다수제로 결정된다. 독일 연방하원(Bundestag)의 전체 의석수는 598석으로, 이는 지역구 299석과 비례대표 299석으로 구성된다.

〈표 12〉에서 보듯이 2005년에 시행된 독일의 16대 연방 총선의 결과를 보면, 의석을 확보한 정당은 기민/기사당 (226석), 사민당(222석), 자민당(61석), 민사당(좌파당, 54석), 녹색당(51석)으로 5당 체제임을 알 수 있다. 2009년 17대 총선에서는 기민/기사당(239석), 사민당(146석), 자민당(93석), 좌파당(76석), 녹색당(68석)으로 역시 5당 체제이다. 2013년 18대에서는 기민/기사당(311석), 사민당(193석), 좌파당(64석), 녹색당(63석)으로 4당 체제가 되었다. 2017년 19대에서는 기민/기사당(246석), 사민당(153석), 독일대안당(94석), 자민당 (80석), 좌파당(69석), 녹색당(67석)으로 6당 체제가 되었다.

거대 양당인 기민/기사당과 사민당의 의석수는 전체 의

〈표 12〉 독일 연방하원의 정당별 총의석수 현황

구분	16대(2005)		17대(2009)		18대(2013)		19대(2017)	
	의석수	비중 (%)	의석수	비중 (%)	의석수	비중 (%)	의석수	비중 (%)
기민/기사당	226	36.8	239	38.4	311	49.3	246	34.7
사민당	222	36.2	146	23.5	193	30.6	153	21.6
자민당	61	9.9	93	15.0	–	–	80	11.3
좌파당	54	8.8	76	12.2	64	10.1	69	9.7
녹색당	51	8.3	68	10.9	63	10.0	67	9.4
독일대안당	–	–	–	–	–	–	94	13.3
합계	614	100	622	100	631	100	709	100

• 독일 연방선거위원회 자료 참조 저자 작성.

석의 약 60~80%에 달한다. 나머지 정당들의 의석수도 20~40%를 차지하고 있음을 알 수 있다.

그런데 단순다수제로 당선을 결정하는 지역구의 선거결과만을 따로 살펴보면, 〈표 13〉에서 보듯이 거대 양당인 기민/기사당과 사민당이 약 95~99%를 차지하여 거의 절대적으로 독식을 하고 있다. 반면에 자민당은 단 1석의 당선자도 내지 못하고 있고, 녹색당은 매번 1석, 좌파당과 독일대안당도 불과 몇 석밖에 얻지 못하고 있는 것을 알 수 있다.

2005년 16대에는 기민/기사당 150석, 사민당 145석, 민사당 3석, 녹색당 1석이다. 2009년 17대에는 기민/기사당

〈표 13〉 독일 연방하원의 정당별 지역구 의석수 현황

구분	16대(2005)		17대(2009)		18대(2013)		19대(2017)	
	의석수	비중 (%)	의석수	비중 (%)	의석수	비중 (%)	의석수	비중 (%)
기민/기사당	150	50.2	218	72.9	236	78.9	231	77.3
사민당	145	48.5	64	21.4	58	19.4	59	19.7
자민당	−	−	−	−	−	−	−	−
좌파당	3	1.0	16	5.4	4	1.4	5	1.7
녹색당	1	0.3	1	0.3	1	0.3	1	0.3
독일대안당	−	−	−	−	−	−	3	1.0
합계	299	100	299	100	299	100	299	100

• 독일 연방선거위원회 자료 참조 저자 작성.

218석, 사민당 64석, 좌파당 16석, 녹색당 1석이다. 2013년 18대에는 기민/기사당 236석, 사민당 58석, 좌파당 4석, 녹색당 1석이다. 2017년 19대에는 기민/기사당 231석, 사민당 59석, 좌파당 5석, 녹색당 1석, 독일대안당 3석이다.

독일에서는 연방 차원에서 5~6개 정당이 안정적으로 활동하고 있다. 이처럼 다당제가 가능한 것은 바로 연동형 비례대표제를 시행하고 있기 때문이다. 하지만 비례대표를 제외한 지역구 선거결과만을 보면, 독일도 철저하게 양당제임을 알 수 있다. 제3, 제4의 소수 정당은 지역구에서 당선자를 거의 찾아볼 수 없기 때문이다. 이는 선거제도가 정당체제에 결정적으로 영향을 미치고 있다는 명확한 증거이다. 독일이 다당제인 이유는 바로 그들의 선거제도 때문이다.

마찬가지로 우리의 정당시스템이 거대 양당제인 까닭은 바로 단순다수제 선거제도 때문이었다는 것을 알 수 있다. 이것이 의미하는 바는 선거제도가 달라지면 정당체제도 달라질 것이라는 점이다. 우리도 연동형 비례대표제가 제대로 정착한다면 양당제가 아닌 다당제가 될 것이다.

개정 공직선거법 주요 내용

⓵ 의원정수 및 의석배분

1. **의원정수** : 300명(지역구국회의원 253명+비례대표국회의원 47명)

2. **의석배분** : 정당별 비례대표 할당의석수 산정(준연동 방식)

○ **(연동배분의석수 산정)** 의석할당정당이 비례대표국회 의원선거에서 얻은 득표비율에 따라 산정한 의석수에서 해당 정당의 지역구국회의원 당선인 수를 뺀 후, 그 수의 50%에 이를 때까지 해당 정당에 비례대표국회의원 의석을 먼저 배분

※ 의석할당정당은 현행과 같음(지역구 5석 또는 비례대표 전국 유효득표 3%)

○ **(잔여배분의석수 산정)** 잔여의석은 비례대표국회의원 선거의 득표비율에 따라 산정한 의석수를 배분

○ **(조정의석수 산정)** 연동배분의석수가 비례대표국회의 원 의석정수를 초과할 경우 각 정당별 연동배분의석수 비율대로 배분(초과의석 방지 방안)

┌─[**부 칙(§4)**]──────────────────┐
│   │
│ • 제21대 국선에 한하여 다음과 같이 배분 │
│   – 30석에 대하여 준연동방식으로 배분   │
│   – 17석에 대하여 기존 의석배분방식(병립형) 배분 │
│   │
└─────────────────────────────────────┘

② 비례대표 추천절차 법정화

○(**추천절차 제출 및 공표**) 비례대표 추천절차를 당헌·
당규 및 그 밖의 내부규약 등으로 정하고, 선거일 전 1년*
까지 선관위 제출 및 공표

  * 제21대 국선에서는 후보자등록신청개시일 전 10일까지 제
  출(부칙§3)

○(**선거인단 투표**) 민주적 심사절차와 당원·대의원 등을
포함한 선거인단의 투표절차를 거쳐 후보자 추천

○(**회의록 등 제출**) 비례대표 후보자 추천 과정을 담은
회의록 등 관련서류*를 후보자등록 시에 선관위 제출

  * 관련서류 미제출 시 수리불가 사유

○(**등록무효**) 선관위는 후보자 추천 서류를 검토하여 비
례대표 추천절차를 정한 내부규약 등을 위반한 경우
해당 정당의 모든 후보자등록을 무효 처리

③ 선거권 연령 18세로 하향(선거일 기준 만 18세 이상
   * 2002. 4. 16. 이전 출생자)

붙임 1. 준연동형 선거제 의석배분방식 1부.

   2. 제21대 국선 비례대표 의석배분방식(부칙) 1부.

준연동형 선거제 의석배분방식

─── 〈 개 요 〉───

- **(1 단 계)** 전국단위 준연동(연동비율 50%) 방식으로 각 정당별 연동배분의석수 산정
- **(2-1단계)** 각 정당별 연동배분의석수의 합계 < 비례대표 의석정수(47석)
  ☞ 잔여의석에 대해 기존 의석배분방식(병립형) 적용 배분
- **(2-2단계)** 각 정당별 연동배분의석수의 합계 > 비례대표 의석정수(47석)
  ☞ 각 정당별 연동배분의석수비율대로 배분

① 의석할당정당 배분 총의석 산정

○ **(연동배분의석수 산정)** 의석할당정당이 비례대표국회의원선거에서 얻은 득표비율에 따라 산정한 의석수에서 해당 정당의 지역구국회의원 당선인 수를 뺀 후, 그 수의 50%에 이를 때까지 해당 정당에 비례대표국회의원 의석을 먼저 배분

$$\text{연동배분의석수} = \frac{\left[\left(\begin{array}{c}\text{국회의원}\\\text{정수}\end{array} - \begin{array}{c}\text{의석할당정당이 추천하지}\\\text{않은 지역구국회의원}\\\text{당선인수}\end{array}\right) \times \begin{array}{c}\text{해당 정당의}\\\text{비례대표국회의원}\\\text{선거 득표비율}\end{array} - \begin{array}{c}\text{해당 정당의}\\\text{지역구국회의원}\\\text{당선인수}\end{array}\right]}{2}$$

사 례						
구분	A당	B당	C당	D당	무소속 등	합계
지역구당선인수	100석	80석	40석	30석	3석	253석
비례득표비율	40%	30%	10%	20%	−	100%
연동배분의석수	9석	5석	0석	15석	−	29석

※ A당 연동의석수 = $\dfrac{[(\text{국회의원정수}\,300 - \text{무소속 등}\,3) \times A\text{당 비례득표비율}\,40\% - A\text{당 지역구}\,100]}{2}$

(결과값 소수점 첫째 자리에서 반올림, 1보다 작으면 0)

②-1. 각 정당별 연동배분의석수의 합계 < 비례대표 의석정수(47석)

○ (잔여배분의석수 산정) 잔여의석은 비례대표국회의원선거의 득표비율에 따라 산정한 의석을 배분

$$\text{잔여배분의석수} = (\text{비례대표국회의원정수} - \text{각 연동배분의석수의 합계}) \times \text{비례대표국회의원선거 득표비율}$$

사 례						
구분	A당	B당	C당	D당	무소속 등	합계
비례득표비율	40%	30%	10%	20%	–	100%
연동배분의석수	9석	5석	0석	15석	–	29석
잔여배분의석수	7석	5석	2석	4석		18석

※ A당 잔여의석수=[비례정수47−29(A연동9+B연동5+C연동0+D연동15)]×A당 비례득표비율40%
　(결과값 정수를 먼저 배정하고, 나머지는 소수점 이하 수가 큰 순으로 배분)

②-2. 각 정당별 연동배분의석수의 합계 > 비례대표 의석정수(47석)

○ (조정의석수 산정) 연동배분의석수가 비례대표국회의원 의석 정수를 초과할 경우 각 정당별 연동배분의석수비율대로 배분(초과 의석 방지 방안)

$$\text{조정의석수} = \frac{\text{비례대표국회의원정수} \times \text{연동배분의석수}}{\text{각 연동배분의석수의 합계}}$$

사 례						
구분	A당	B당	C당	D당	무소속 등	합계
연동배분의석수	22석	18석	7석	13석	–	60석
조정의석수	17석	14석	6석	10석		47석

※ A당 조정의석수 $= \dfrac{\text{비례정수47} \times A\text{당 연동22}}{\text{각 정당 연동 합계60}}$

　(결과값 정수를 먼저 배정하고, 나머지는 소수점 이하 수가 큰 순으로 배분)

붙임 2 | **제21대 국선 비례대표 의석배분방식**

─────────────── 〈 개 요 〉 ───────────────

- **(1 단 계)** 30석에 대해 전국단위 준연동(연동비율 50%) 방식으로 각 정당별 연동배분의석수 산정
- **(2-1단계)** 각 정당별 연동배분의석수의 합계 < 30석
    - ☞ 잔여의석에 대해 기존 의석배분방식(병립형) 적용 배분
- **(2-2단계)** 각 정당별 연동배분의석수의 합계 > 30석
    - ☞ 각 정당별 연동배분의석수비율대로 배분
- **(3 단 계)** 17석에 대해 기존 의석배분방식(병립형) 적용 배분

① 30석에 대해 의석할당정당 배분 총의석 산정

○ **(연동배분의석수 산정)** 의석할당정당이 비례대표국회의원선거에서 얻은 득표비율에 따라 산정한 의석수에서 해당 정당의 지역구국회의원 당선인 수를 뺀 후, 그 수의 50%에 이를 때까지 해당 정당에 비례대표국회의원 의석을 먼저 배분

$$\text{연동배분} \atop \text{의석수} = \frac{\left[\left(\begin{smallmatrix}\text{국회의원}\\\text{정수}\end{smallmatrix} - \begin{smallmatrix}\text{의석할당정당이 추천하지}\\\text{않은 지역구국회의원}\\\text{당선인수}\end{smallmatrix}\right) \times \begin{smallmatrix}\text{해당 정당의}\\\text{비례대표국회의원}\\\text{선거 득표비율}\end{smallmatrix} - \begin{smallmatrix}\text{해당 정당의}\\\text{지역구국회의원}\\\text{당선인수}\end{smallmatrix}\right]}{2}$$

사 례						
구분	A당	B당	C당	D당	무소속 등	합계
지역구당선인수	100석	80석	40석	30석	3석	253석
비례득표비율	40%	30%	10%	20%	–	100%
연동배분의석수	9석	5석	0석	15석	–	29석

※ A당 연동의석수 $= \dfrac{[(\text{국회의원정수}\,300-\text{무소속 등}\,3) \times A\text{당 비례득표비율}\,40\% - A\text{당 지역구}\,100]}{2}$

(결과값 소수점 첫째 자리에서 반올림, 1보다 작으면 0)

②-1. 각 정당별 연동배분의석수의 합계 <30석

○ (잔여배분의석수 산정) 잔여의석은 비례대표국회의원선거의 득표비율에 따라 산정한 의석을 배분

> 잔여배분의석수 = (30 – 각 연동배분의석수의 합계) × 비례대표국회의원 선거 득표비율

사 례						
구분	A당	B당	C당	D당	무소속 등	합계
비례득표비율	40%	30%	10%	20%	–	100%
연동배분의석수	9석	5석	0석	15석	–	29석
잔여배분의석수	1석	0석	0석	0석		1석

※ *A*당 잔여의석수=[비례정수30−29(*A*연동9+*B*연동5+*C*연동0+*D*연동15)]×*A*당 비례득표비율40%
  (결과값 정수를 먼저 배정하고, 나머지는 소수점 이하 수가 큰 순으로 배분)

②-2. 각 정당별 연동배분의석수의 합계 > 30석

○ (조정의석수 산정) 연동배분의석수가 비례대표국회의원 의석정수를 초과할 경우 각 정당별 연동배분의석수비율대로 배분(초과의석 방지 방안)

$$조정의석수 = \frac{30 \times 연동배분의석수}{각\ 연동배분의석수의\ 합계}$$

사 례						
구분	A당	B당	C당	D당	무소속 등	합계
연동배분의석수	13석	12석	8석	10석	–	43석
조정의석수	9석	8석	6석	7석		30석

※ *A*당 조정의석수 = $\dfrac{30 \times A당\ 연동13}{각\ 정당\ 연동\ 합계43}$
  (결과값 정수를 먼저 배정하고, 나머지는 소수점 이하 수가 큰 순으로 배분)

③ 17석에 대해 병립형 의석 배분

○ 17석에 대해 비례대표국회의원선거의 득표비율에 따라 산정한
  의석을 배분

배분의석 = 17 × 비례대표국회의원선거 득표비율

사 례						
구분	A당	B당	C당	D당	무소속 등	합계
비례득표비율	40%	30%	10%	20%	–	100%
배분의석수	7석	5석	2석	3석		17석

※ A당 배분의석수 = 17 × A당 비례득표비율40%
  (결과값 정수를 먼저 배정하고, 나머지는 소수점 이하 수가 큰 순으로 배분)

"독일의 옷을 입은
새로운 대한민국을 상상하다"

더 나은 선거제도, 정당시스템, 정부형태에 대한
독일식 모범답안과 해설

조성복 지음 | 328면 | 17,000원
제3회 방송대출판문화원 도서원고 공모 우수상 당선작